FACULTÉ DE DROIT DE POITIERS

DES DROITS

RÉSULTANT DE LA

PUISSANCE PATERNELLE

SUR LA PERSONNE DES ENFANTS

EN DROIT ROMAIN ET EN DROIT FRANÇAIS.

THÈSE

PRÉSENTÉE POUR OBTENIR LE GRADE DE DOCTEUR

et

SOUTENUE LE SAMEDI 6 JUILLET 1861, A 2 HEURES 1|2 DU SOIR

DANS LA SALLE DES ACTES PUBLICS DE LA FACULTÉ

par

N.-B.-CONSTANT LUCAS, né à Bélabre (Indre).

POITIERS
IMPRIMERIE DE A. DUPRÉ
RUE DE LA MAIRIE, 10.

1861.

COMMISSION :

PRÉSIDENT,   M. RAGON.

SUFFRAGANTS,
{
    M. GRELLAUD ✿, Doyen ,
    M. FEY ✿,
    M. BOURBEAU ,
    M. MARTIAL PERVINQUIÈRE.
} Professeurs.

Vu par le Président de l'acte,
RAGON.

Vu par le Doyen ,
H. GRELLAUD ✿.

Vu par le Recteur ,
L. JUSTE ✿.

Les visas exigés par les règlements sont une garantie des principes et des opinions relatives à la religion , à l'ordre public et aux bonnes mœurs (statut du 9 avril 1825, art. 41), mais non des opinions purement juridiques, dont la responsabilité est laissée au candidat.

Le candidat répondra en outre aux questions qui lui seront faites sur les autres matières de l'enseignement.

A MA FAMILLE.

A MES AMIS.

DROIT ROMAIN.

DES DROITS RÉSULTANT DE LA PUISSANCE PATERNELLE SUR LA PERSONNE DES ENFANTS.

> Patria potestas in pietate, non in atrocitate consistere debet.
>
> (L. 5, D. *de leg.* Pompeia *de parricidiis.*)

CHAPITRE PREMIER.

ÉLÉMENTS GÉNÉRAUX DE LA PUISSANCE PATERNELLE.

Nous traiterons dans ce chapitre : 1° de l'origine naturelle et civile de la puissance paternelle ; 2° des rapports qui la créaient à Rome ; 3° des différentes époques qui l'ont modifiée.

1

§ Ier.

De la puissance paternelle d'après le droit naturel et le droit
civil.

Chez tous les peuples, les enfants ont été soumis à des devoirs de respect et d'obéissance envers leurs parents, et le législateur a donné à ceux-ci des droits dont l'ensemble constitue ce qu'on appelle la puissance paternelle. Mais ces droits ont été plus ou moins étendus selon les temps et les lieux ; ils ont même quelquefois été attribués à des personnes différentes.

L'Écriture elle-même nous a transmis parmi ses lois fondamentales ce précepte que notre Code a reproduit : *Honora patrem et matrem, ut sis longævus super terram.*

Le devoir ainsi tracé est absolu, sans distinction entre le père et la mère ; c'est l'expression d'une obligation naturelle, qui a sa raison d'être dans les sentiments les plus sacrés du cœur humain; mais nous n'y trouvons pas l'organisation d'un pouvoir coercitif, mis aux mains des parents comme un corollaire de leurs devoirs d'éducation, ou comme un moyen d'assurer l'exécution des obligations de l'enfant envers eux.

C'est cette organisation qui, fondée quelquefois sur des idées variables avec les différentes époques, doit nous préoccuper maintenant, et qui constitue, à proprement parler, la puissance paternelle.

Presque partout, dans l'antiquité, le chef de famille est considéré comme un magistrat souverain , comme un chef absolu , comme un maître ayant sur sa descendance un pouvoir presque aussi étendu que sur ses esclaves. Les lois, qui le régissent dans ses rapports avec les autres citoyens, le laissent maître chez lui , et n'étendent pas leur empire dans la maison où il est souverain : *in domo dominium habet.*

Peu à peu, cependant, on craint qu'il n'abuse de cette puissance exagérée , qu'il ne se montre maître injuste, magistrat oublieux de ses devoirs et des lois de la nature (*officium pietatis*) ; alors le législateur intervient pour régler et modérer l'autorité du père. De même qu'on protége l'esclave contre la cruauté de son maître, sans altérer le droit de propriété , on protége aussi le fils contre les excès de la puissance paternelle , tout en respectant cette puissance.

Chez les Grecs, comme chez tous les peuples primitifs, le père paraît avoir eu, dans l'origine, le droit de vie et de mort sur ses enfants , comme aussi la faculté de les vendre , c'est-à-dire tous les droits que, suivant les idées d'alors, le maître avait sur ses esclaves.

Cette extension de la puissance paternelle fut modifiée , dans les différentes contrées de la Grèce, par les législateurs. Cependant, même après ces adoucissements successifs , le père eut toujours le pouvoir, au moment de la naissance de ses enfants, de prononcer sur leur vie ou sur leur mort. Dès que l'enfant était né, on l'étendait à ses pieds ; s'il le prenait dans ses bras, il était sauvé. Mais si le père n'était pas assez riche pour payer les frais d'éducation, ou s'il désespérait de corriger chez le nouveau-né certains vices de conformation , il détournait les yeux, et l'on courait au loin exposer l'enfant ou lui ôter la vie. A Thèbes, les lois défendaient cette barbarie ; mais, dans presque toute la Grèce, elles l'autorisaient ou la toléraient ; des philosophes même l'approuvaient.

Du reste, ce pouvoir barbare ne se prolongeait pas après le moment de la naissance. D'après les lois de Solon, le citoyen ne pouvait pas plus disposer de la liberté de ses fils que de la sienne propre. La loi lui permettait pourtant de vendre sa fille, dans le cas où, chargé de surveiller sa conduite, il aurait été témoin de son déshonneur.

Quand on voit Solon enlever aux pères le droit de vendre leurs enfants, on a de la peine à se persuader qu'il leur ait accordé celui de leur donner la mort, comme l'ont avancé quelques auteurs anciens (Sextus Empiricus, Héliodorus Æthiopius). Il vaut mieux en croire le témoignage de Denis d'Halicarnasse qui, dans ses *Antiquités romaines*, observe que les lois de Solon, de Pittacus et de Charondas ne permettaient aux pères que de déshériter leurs enfants, ou de les chasser de leurs maisons, sans qu'ils pussent leur infliger des peines plus graves.

Les auteurs qui ont ainsi exagéré le principe de la puissance paternelle ont sans doute puisé cette idée dans les lois romaines, qui avaient réagi sur la Grèce, devenue province de l'empire, et avaient ainsi restitué à cette puissance une étendue qu'elle avait perdue sous Solon, mais pour s'adoucir elles-mêmes au contact d'un droit plus humain.

C'est du droit romain que nous devons nous occuper spécialement.

Nous avons à y caractériser la puissance paternelle comme institution du droit civil, à la distinguer, par conséquent, des rapports que la nature et le droit des gens créent entre les parents et leurs enfants.

La puissance paternelle, chez les Romains, appartenait, en effet, essentiellement au droit civil, sinon quant au principe qui la créait, du moins quant à certaines personnes auxquelles elle était attribuée, et quant à certains droits qu'elle établissait. Ce n'était pas que cette puissance n'existât pas chez d'autres peuples avec un caractère analogue, mais elle était considérée alors comme appartenant à un autre droit civil que le droit romain, et non pas au droit naturel.

D'ailleurs nulle part elle n'avait autant d'extension dans ses effets que chez les Romains; nulle part la famille n'était aussi fortement constituée, aussi étroitement resserrée autour d'un chef par des liens qui pouvaient quelquefois se former ou se dissoudre d'une façon artificielle (adoption, émancipation).

C'est ce que nous rappellent Gaïus et Justinien : *Fere nulli alii sunt homines qui talem in filios suos habent potestatem, qualem nos habemus* (G. 1, 55. — Inst. l. 1, t. ix, § 2). Adrien lui-même, au dire de Gaïus, avait représenté cette force exceptionnelle de la puissance paternelle à des étrangers qui demandaient pour eux et leurs fils la cité romaine : c'était là, sans doute, une critique indirecte de cette puissance excessive que le même prince chercha à restreindre par des actes dont nous parlerons plus loin.

A peine se trouvait-il, à l'époque la plus florissante du droit romain, un pays où les pères eussent conservé ce droit aussi fort qu'à Rome même, bien que la civilisation fût plus avancée dans cette ville que partout ailleurs, et eût dû par conséquent y adoucir la sévérité des institutions. Nous trouvons pour-

tant dans César (*De bello gallico*, comment. VI, chap. XIX)
que les pères, dans les Gaules, avaient sur leurs fils, de même que
sur leurs femmes, un droit de vie et de mort. Il paraît même
que les Gaulois, dans leur émigration, avaient emporté ces principes jusque dans l'Asie-Mineure, puisque Gaïus, au passage cité
plus haut, ajoute : « Je n'ignore pas pourtant que les Galates
regardent les enfants comme soumis à la puissance de leurs
pères. » Or les Galates étaient une colonie gauloise.

Quoi qu'il en soit, il est incontestable qu'à Rome la puissance
paternelle appartenait au droit civil ; et ce qui la distinguait
profondément des institutions du droit naturel, c'est qu'elle
n'était pas attachée au lien du sang, qu'elle pouvait exister sans
lui dans l'adoption, et lui sans elle dans plusieurs cas différents,
comme l'émancipation ; ainsi encore, nous allons le voir, elle
n'existait que pour le père ou l'aïeul paternel, et comme une
dérivation des *justæ nuptiæ*, autre institution du droit civil.

On pourrait se demander quels étaient les effets reconnus par
la loi comme naissant du lien naturel, de l'*officium pietatis*. Y
avait-il pour la mère, l'ascendant émancipateur, etc., une sanction
aux devoirs que la nature imposait aux enfants vis-à-vis d'eux ?
Ces personnes avaient droit à certains égards ; on en trouve la
preuve au titre *De obsequiis*, au Digeste de Justinien : ils con-
sistaient en certains devoirs de respect imposés aux enfants, et
que la loi sanctionnait dans des cas déterminés ; mais les personnes dont nous parlons n'avaient elles-mêmes aucun pouvoir
en main ; elles ne pouvaient pas plus venger leurs propres injures
que s'il se fût agi d'étrangers. (Voyez cependant la loi unique au
Code *de emancipatione propinquorum*).

§ II.

Des rapports qui créent ou dissolvent la puissance paternelle.

C'est de la puissance paternelle proprement dite (*potestas*), et des droits reconnus par l'*ipsum jus* qu'elle confère aux pères sur la personne de leurs enfants, que nous avons à nous occuper. Quoiqu'il n'entre pas dans notre sujet d'exposer en détail comment la puissance paternelle se forme et comment elle se dissout, nous avons à examiner d'abord à quelles personnes elle s'applique.

La puissance paternelle, étant de droit civil, ne peut exister qu'entre les citoyens romains, c'est-à-dire qu'un citoyen romain peut seul l'exercer et seul aussi y être soumis.

D'un autre côté, pour en jouir dans le sens actif, il faut être *pater-familias*, c'est-à-dire se trouver à la tête de la famille, n'être pas soi-même soumis à la puissance paternelle d'un autre. Ce sera le père ou celui dans la dépendance duquel il se trouvera lui-même, en vertu du même principe, qui exercera, primitivement et dans l'état normal de la famille, la puissance paternelle ; car elle n'appartient qu'aux hommes, et les femmes en sont toujours exclues.

Quand on est *pater-familias*, chef de famille romain, quelles personnes a-t-on sous sa puissance ?

Ces personnes peuvent être déterminées soit par la naissance, soit par des faits postérieurs, soit par ces deux causes réunies. Sont tout d'abord sous la puissance paternelle, les enfants qu'on a eus de justes noces (*ex justis nuptiis*) et tous ceux qui descendent de nous par les mâles. Quant aux enfants des filles, ils sont eux-mêmes sous la puissance de leur père ou de leur aïeul paternel, ou même *sui juris*, c'est-à-dire hors de toute puissance ; c'est, en effet, un principe que, pour tout ce qui est du droit civil, les enfants suivent la condition du père et non celle de la mère.

La capacité de contracter de *justæ nuptiæ* suppose chez celui qui a la puissance paternelle la qualité de citoyen romain ; mais cette condition est d'ailleurs exigée pour l'exercice en lui-même de la puissance paternelle.

Les enfants nés *ex justis nuptiis* étant seuls *ipso facto* sous la puissance de leurs parents, il s'ensuit que cette puissance n'atteint pas les enfants naturels, c'est-à-dire ceux qu'on aurait eus d'un concubinat, union du droit des gens, qui, bien que licite, n'avait point d'effets civils.

Quant à ceux qui n'étaient pas citoyens romains, ils étaient, à un double titre, incapables d'avoir leurs enfants sous leur puissance ; car d'abord ils n'avaient pas la capacité de droit civil qui donnait la puissance paternelle, et, en second lieu, leur mariage n'était qu'une union du droit des gens, étrangère elle aussi à ce même droit civil. Il en était de même de ceux qui avaient perdu le droit de cité par l'interdiction de l'eau et du feu, et plus tard par la déportation. Quant aux esclaves, on ne reconnaissait entre eux aucune parenté (*cognatio*).

Une autre conséquence de la nécessité que l'enfant fût né *ex justis nuptiis* était que les enfants nés d'un citoyen romain et

d'une personne avec laquelle il n'avait pas le *connubium* n'étaient
pas sous la puissance de leur père, puisqu'alors un mariage du
droit civil était impossible. Cette conséquence se rencontrait ici
avec ce principe que les enfants nés d'une union autre que les
justes noces suivaient la condition de leur mère, puisque nous
connaissons cette autre règle, que la puissance paternelle, étant
de droit civil, ne pouvait exister qu'entre deux citoyens romains.

Les justes noces étaient donc la source primitive de la puissance paternelle; mais on inventa peu à peu des moyens pour
placer sous la puissance paternelle d'une personne soit des étrangers, soit ses propres enfants naturels, et pour faire naître cette
puissance en même temps que le droit de cité romaine dans certains cas.

On peut placer ces moyens dans trois classes différentes, que
nous appellerons l'adoption, la *causæ probatio* et la légitimation.

Ce sont les modes dérivés d'où naît la puissance paternelle;
nous allons énumérer les cas auxquels ils s'appliquent, sans
nous astreindre cependant à en indiquer les formes et les conditions.

I. L'adoption est elle-même de deux sortes : 1° l'adrogation,
qui met un père de famille sous la puissance d'un autre et y
fait passer tous ceux qu'il avait lui-même sous sa dépendance;
2° l'adoption proprement dite, qui fait passer un fils de la puissance de son père ou de son aïeul sous celle d'un autre citoyen
romain, qui devient alors fictivement son père ou son aïeul, et
acquiert sur lui les mêmes droits que s'il l'avait eu *ex justis*

nuptiis. Sous l'empereur Justinien, l'adoption n'avait plus tous ses effets que dans le cas où l'adopté était un descendant de l'adoptant.

II. La *causæ probatio* avait lieu dans différents cas que nous fait connaître Gaïus (1 , 29 , 65 et suivants). Lorsqu'un Latin junien avait épousé une Romaine, ou une Latine junienne ou coloniaire, et qu'il en avait eu un fils, il pouvait, quand celui-ci avait atteint l'âge d'un an, se présenter devant le magistrat et obtenir le droit de puissance paternelle sur son fils ; en même temps, le droit de cité lui était acquis, ainsi qu'à sa femme et à son fils, s'ils ne l'avaient pas déjà. Ce cas particulier fut introduit par la loi *Ælia Sentia ;* mais un sénatus-consulte postérieur dut prévoir d'autres cas, comme celui où un citoyen romain aurait épousé par erreur une Latine, ou une pérégrine, ou une déditice, c'est-à-dire une femme avec laquelle il n'avait pas le *connubium*. Alors la *causæ probatio* consistait dans la justification de l'erreur ; et quand cette justification était faite, le mari obtenait pour sa femme (à moins qu'elle ne fut déditice) et pour son fils le droit de cité, et il acquérait en même temps le droit de puissance paternelle sur son fils.

Le même sénatus-consulte permit aussi la *causæ probatio* quand c'était la femme qui avait épousé par erreur un pérégrin qu'elle croyait être citoyen romain, ou même latin junien apte à faire la *causæ probatio*, en se conformant à la loi *Ælia Sentia*. Il la permit encore quand un Latin junien, ou un Romain qui se croyait Latin junien, avait épousé, dans l'intention de faire cette même *causæ probatio* de la loi *Ælia Sentia*, une pérégrine qu'il croyait citoyenne romaine ou latine.

Dans tous ces cas, la *causæ probatio* créait la puissance paternelle; cependant, si le père était déditice, il ne pouvait devenir citoyen romain, ni par conséquent acquérir le droit de puissance paternelle.

A la *causæ probatio* on peut rattacher le bénéfice dont parle Gaïus (1, 93 et suivants). Les pérégrins qui obtenaient le droit de cité pouvaient recevoir en même temps de l'empereur la puissance paternelle sur leurs enfants. Quant aux Latins, dans ce cas, ils l'obtenaient de plein droit.

III. La puissance paternelle pouvait encore naître de la légitimation. Le concubinat, union du droit des gens, ne donnait pas au père, bien que sa paternité fût certaine, le droit de puissance paternelle sur les enfants qui en étaient nés. Il pouvait cependant l'acquérir par trois moyens qui furent successivement introduits par les empereurs de Constantinople ; ces moyens étaient : l'oblation à la curie, le mariage subséquent et le rescrit du prince. Nous devons remarquer toutefois que le mariage subséquent était le plus parfait de ces moyens, parce qu'il rattachait l'enfant non-seulement à son père, mais encore aux parents de celui-ci, tandis que les autres n'avaient d'effet qu'entre le père et le fils seulement.

Le droit de puissance paternelle pouvait s'éteindre de plusieurs manières, qui sont :

La mort naturelle du père ou celle du fils qui lui était soumis, la perte par l'un ou par l'autre de la liberté ou des droits de cité, et enfin les changements de famille résultant de la *minima capitis diminutio.*

Les faits qui, en produisant le changement de famille, éteignaient la puissance paternelle, étaient :

1° L'adrogation du père de famille, qui le faisait passer sous la puissance d'un autre avec ses propres enfants ;

2° L'adoption du fils, qui le faisait sortir de la famille de son père naturel pour le placer dans celle de l'adoptant ;

3° L'émancipation du fils, qui le rendait chef d'une famille nouvelle, formée aux dépens de celle de son père.

Un mode exceptionnel dissolvait encore la puissance paternelle sans *capitis diminutio,* c'était la nomination à certaines dignités, comme celles de flamine, de vestale, auxquelles Justinien ajouta celles d'évêque, de patrice et de consul.

Ainsi se brisait le lien qui unissait le père et le fils, soit que ce dernier devînt chef d'une nouvelle famille, soit qu'il passât sous la puissance d'un autre, soit enfin qu'il perdît toute capacité civile.

§ III.

Eléments historiques de la puissance paternelle chez les Romains.

La puissance paternelle, dans le principe, ne fut, chez les Romains, qu'une conséquence du droit de propriété. Les fils auxquels le citoyen avait donné le jour étaient sa propriété, comme les esclaves qu'il avait pris ou achetés ; le fils de famille, homme dans la cité, n'était dans la famille qu'un esclave, que la chose du père.

De là le droit de le revendiquer, de le vendre, de l'exposer, de lui donner la mort.

Tel est le droit que les anciens auteurs attribuent à Romulus ou à son époque. (Denis d'Halicarnasse, liv. II.)

Le droit de vendre les enfants d'une manière sérieuse disparut des premiers, comme chez les Grecs, par suite du prix qu'on attachait à la liberté. (Loi dernière au Code *de patria potestate.*)

Puis s'établit cette idée que le père, en punissant ses enfants, agissait comme juge et magistrat souverain, et, comme le dit un auteur, on ne pensait pas que le fils dût redouter cette juridiction paternelle ; aussi le droit se réglemente peu à peu, et le père, tout en restant juge, a cependant des lois à observer : il n'est plus que le dépositaire d'une justice supérieure ; il doit alors rendre compte de ses actes. C'est un rescrit d'Adrien, qui, joint aux dispositions de la loi Julia *de adulteriis et de fundo dotali,* est un des premiers monuments de cette idée nouvelle.

Enfin le droit de vie et de mort et même celui de simple correction furent considérablement restreints par Alexandre Sévère et par Constantin. (Loi 2, D. *ad legem Corneliam de sicariis.* — Loi unique au Code *de his qui parentes.*)

Néanmoins, pendant que les mœurs introduisaient ces adoucissements dans la législation, la misère y introduisait des rigueurs nouvelles, et la vente, l'exposition des enfants reparaissaient et devaient être régies par des lois spéciales.

La plus grande partie de cette législation, établie surtout par

les empereurs de Constantinople, se retrouve dans les recueils de Justinien.

Dans ce résumé historique nous avons tâché d'établir les différents points que régla successivement la législation, et quels étaient les droits attachés à la puissance paternelle.

C'est leur développement qui doit maintenant nous occuper, et nous avons à parler, dans un second chapitre :

1º Du droit de revendication du père sur ses enfants ;

2º Du droit de vie et de mort et du droit de correction ;

3º Du droit de vente ;

4º Du droit du père quant au mariage de ses enfants ;

5º (Appendice.) Des *obsequia* dus aux parents qui n'avaient pas la puissance paternelle.

CHAPITRE II.

§ Ier.

Droit de revendication du père sur ses enfants.

La revendication du fils par son père est une des prérogatives de la puissance paternelle. La forme de cette revendication,
telle qu'elle était déterminée par les actions de la loi, a subsisté
plus tard pour les formalités de l'adoption. Celui qui revendi-
quait l'enfant *vindicabat apud prætorem filium suum esse*
(G. 4, 134), ce qui veut dire qu'il employait la formule suivante :
*Aio hunc hominem meum filium esse ex jure Quiritium, et ecce
ei vindictam imposui.*

Quant à l'époque de la procédure formulaire, la loi 1, § 2, D. *de
rei vindicatione*, nous dit : *Per hanc actionem (rei vindicatio-
nem) liberæ personæ quæ sunt juris nostri, ut puta liberi, qui.*

sunt in potestate, non petuntur… nisi forte adjecta causa quis vindicet. Ainsi on avait admis qu'une personne même *alieni juris* n'était pas la propriété de son père, *in dominio patris*. Il n'y avait donc pas de revendication pure et simple à exercer, parce que l'*intentio* de cette action exprimait l'idée de propriété ; cependant on pouvait revendiquer *adjecta causa*, c'est-à-dire en ajoutant une modalité à la revendication, et en lui faisant exprimer non plus un rapport de propriété, mais un rapport de famille. Ainsi on ne dira pas : *Si paret hunc hominem A. Agerii esse ex jure Quiritium,* mais bien : *Si paret hunc hominem A. Agerii filium esse ex jure Quiritium.*

Cependant Cujas, d'après les dernières expressions de la loi citée, interprète autrement ces mots : *adjecta causa*, et dit qu'ils se rapportent à l'adjonction des mots : *ex jure Quiritium.* Mais ce qui semble confirmer la première opinion, c'est que : 1° même dans la revendication directe ordinaire de toutes sortes de choses, nous trouvons cette expression : *ex jure Quiritium*, comme on peut le conjecturer d'après les formules fictices rapportées dans Gaïus (iv, 34, 36). 2° Dans la formule plus haut citée pour l'adoption, nous trouvons ces mots : *vindicabat filium suum esse.* 3° Ce qui nous indique encore le véritable sens du mot *causa*, qui se réfère à la modalité du droit qu'on a sur la chose, et non au *jus Quiritium*, c'est cette autre formule rapportée dans Gaïus (iv, 16) : *Hunc ego hominem ex jure Quiritium meum esse aio, secundum suam causam.* 4° L'interprétation de la loi devient toute naturelle en acceptant ce sens. Le jurisconsulte dit, en effet : On peut réclamer les enfants par une *cognitio prætoria;* quant à la revendication véritable *ex jure Quiritium,* elle ne peut avoir lieu que *adjecta causa.*

Si la revendication pure et simple était interdite au père de famille, il avait cependant de nombreux moyens pour assurer son autorité et faire remettre ses enfants à sa disposition ; c'étaient : 1° La *cognitio prætoria*, qui avait lieu quand le fils seul contestait le droit de puissance paternelle, et non quand une autre personne le disputait au père de famille (loi 3, § 3, D. *de interdictis*); 2° les interdits de *liberis exhibendis et ducendis;* 3° enfin les *præjudicia.*

Occupons-nous de ces deux derniers moyens.

De même qu'on ne donnait pas la revendication d'une personne libre, on ne donnait pas non plus l'action *ad exhibendum* pour forcer à la représenter, mais seulement des interdits. (Inst. iv, 15, § 1.)

C'étaient les interdits de *liberis exhibendis* et de *liberis ducendis.* Le premier avait pour but de faire représenter l'enfant qu'un individu avait chez lui, à la personne qui avait cet enfant sous sa puissance. Cependant des rescrits d'Antonin, de Marc-Aurèle et de Sévère, témoignant une prévoyance qui ne le cède pas à celle de notre Code pour l'intérêt des enfants, donnaient à la mère une exception pour une juste cause, quand il importait à l'enfant de rester près d'elle. Il en était de même, à plus forte raison, dans l'interdit de *liberis ducendis*, qui avait pour but de laisser emmener les enfants par celui qui les avait en sa puissance ; il était la suite du précédent.

Les causes qui justifiaient cette exception étaient l'intérêt des enfants ou la méchanceté prouvée du père. (Loi 1, § 3.—Loi 3, § 5, D. *de liberis exhibendis.*) La loi unique, au Code *divortio facto*, qui est de Dioclétien, attribua même plus tard au juge, en cas de divorce, le droit de déterminer chez lequel des deux parents les

enfants devraient demeurer et être nourris. Elle semble même indiquer qu'on devra suivre en général la distinction des sexes. On
devait sans doute alors, comme s'il s'agissait d'un pupille, esti-
mer l'utilité *ex personâ, ex conditione, ex tempore.* (Loi 1, § 1,
D. *ubi pupillus.*) Justinien, dans la novelle 117, chap. 7, laisse
moins à l'arbitraire du juge, car les enfants doivent toujours
être nourris aux frais du père, excepté cependant le cas où la
mère est riche. Mais les enfants devront, dans tous les cas, être
élevés chez l'époux en faveur duquel le divorce aura été prononcé.

L'interdit n'était pas donné contre le mari de la fille, mais,
au contraire, il lui était donné contre le père de sa femme, afin
de pouvoir emmener celle-ci.

Les deux interdits dont nous parlons ne se donnaient pas
contre le fils lui-même, mais contre la personne qui le détenait.
Si le fils contestait le droit de puissance du père, il fallait dis-
cuter sur ce point avec lui, et c'était l'objet de la *cognitio prætoria.* (Loi 3, § 3, D. *hoc titulo.*)

Le dernier mode d'agir était un *præjudicium,* c'est-à-dire
une action préjudicielle ayant pour but de faire connaître préalablement un rapport de droit. (Inst., l. IV, t. VI, § 13, *de actionibus.*)

Le *præjudicium,* qui avait pour but de faire juger si un enfant était sous la puissance d'une autre personne, n'était pas en
lui-même un mode d'exercer la puissance paternelle, puisque
c'était une action sans *condemnatio;* mais il pouvait servir de
préliminaire à l'action en revendication dont nous avons parlé,
comme à beaucoup d'autres qui n'avaient aucun rapport au
droit du père, telles, par exemple, que des actions en pétition
d'hérédité, etc.

Quand un enfant contestait à son père le droit de puissance paternelle, parce qu'il se prétendait émancipé, c'était à lui à prouver son allégation, non-seulement en vertu du principe que la preuve incombe au demandeur, mais surtout à cause du respect qu'il devait toujours avoir pour son père, même dans le cas où l'émancipation était constante. (Loi 8, D. *de probationibus*.) Du reste, on doit appliquer ici les principes de la *liberalis causa*.

Si l'enfant, étant de fait sous la puissance d'une personne, se prétendait *sui juris*, c'était à lui de prouver. Si, au contraire, étant de fait hors de puissance, il était attaqué par celui qui prétendait être son père, c'était à celui-ci qu'incombait la justification de ses prétentions ; mais l'enfant qui se prétendait émancipé devenait demandeur à son tour et devait prouver. (Loi 7, D. *de liberali causâ*.)

La preuve pouvait se faire soit par acte constatant l'émancipation, soit par tout autre moyen, pourvu qu'il fût certain et incontestable. (Loi 14, au Code *de fide instrumentorum*.)

§ II.

Du droit de vie et de mort et du droit de correction.

Le père était, dans sa famille, à Rome, le magistrat suprême ; il était l'arbitre des peines à infliger aux enfants qu'il avait en sa puissance. Au milieu de la diversité des tribunaux qui statuaient sur les matières criminelles, ce n'était guère là qu'une affaire de compétence et une autorité publique attachée à un titre que les anciens considéraient comme sacré. On donnait au père le pouvoir d'un juge, mais on ne le regardait pas comme un citoyen ayant un privilége pour venger ses injures personnelles; si cela arrivait quelquefois, ce fait n'avait pas plus de conséquence que l'iniquité d'un magistrat ordinaire; mais il suffit qu'une pareille organisation de la justice puisse donner lieu à de graves abus pour qu'elle soit proscrite par une législation civilisée.

Était-ce le droit écrit qui avait établi cette puissance ?

Si on s'en rapportait aux fragments du prétendu *jus papirianum*, ce seraient des lois de Romulus et de Numa qui auraient établi le droit de vie et de mort en faveur du père de famille; mais il est bien plus probable qu'il a été introduit par les mœurs et par l'usage. (Loi 8 *principium*, D. *de his qui sui vel alieni juris sunt.*) Denis d'Halicarnasse atteste cette origine, en la faisant remonter à l'époque mais non à l'initiative de Romulus.

La source de cette juridiction exceptionnelle, qui se liait si intimement à l'organisation domestique, était dans l'intérêt des ordres et des familles. Mais, comme nous l'avons dit, on ne croyait pas que jamais les enfants pussent la redouter. Il est peu d'exemples de pères qui en aient abusé. Il est même à remarquer que dans presque tous les exemples qu'on cite pour prouver l'exagération de ce pouvoir, comme ceux de Brutus, de Manlius, etc., les pères n'ont pas frappé comme pères, mais en vertu d'une magistrature spéciale qui leur donnait ce droit. Comme la récusation était inconnue dans ces temps primitifs, Brutus et Manlius se trouvaient placés entre l'accomplissement d'un

devoir douloureux et une faiblesse qui n'eût pas été sans re-
proche.

Les mœurs qui avaient introduit le droit de vie et de mort ne
tardèrent pas à le modifier ; mais aucun texte de loi ne consacra
cette innovation de l'usage avant Constantin. Si nous consultons
les textes du Digeste sur la loi Pompeia *de parricidiis*, nous
verrons que les jurisconsultes avaient assimilé au parricide le
meurtre d'un enfant par sa mère ou par son aïeul, tandis qu'il
n'en est pas de même du meurtre commis par le père.

Si la loi Pompeia ne l'atteignait pas, était-il au moins frappé
par la loi Cornelia *de sicariis ?* C'est ce qui paraît résulter de
certains textes sur la loi Julia, dont nous devons maintenant nous
occuper.

La loi Julia avait déterminé des cas dans lesquels il était expressément permis au père de tuer sa fille : c'était quand il la
trouvait en flagrant délit d'adultère. (L. 20, 24, 22, D. *ad legem
Juliam de adulteriis*.) Il semble donc résulter sinon de cette loi,
au moins de son interprétation, qu'on ne reconnaissait plus ce
pouvoir au père dans les autres cas. Ce droit était même autant
attaché au titre de père qu'à celui de chef de famille, car il fallait
à la fois avoir la puissance paternelle et être père de la fille coupable pour avoir le droit de la frapper. En sorte que si l'aïeul existait encore, il n'avait pas ce droit de son chef, et le père ne
l'avait pas non plus, parce qu'il n'était pas chef de famille.

D'après l'interprétation de la loi Julia, le père devait tuer à la
fois ou blesser grièvement sa fille et son complice (loi 32, D. *ad
legem Juliam*), s'il ne voulait pas être soumis à la loi Cornelia *de
sicariis*, sous le coup de laquelle le plaçait le meurtre d'un seul
des coupables.

Cette jurisprudence semble ne s'être introduite que peu à peu ; car, ainsi que nous l'avons dit, le père meurtrier de ses enfants ne fut pas d'abord atteint par la loi Pompeia *de parricidiis*, tandis qu'on l'appliquait à l'aïeul, bien que celui-ci eût aussi la puissance paternelle. Quand le père tuait ses enfants, on considérait qu'il avait usé d'un droit, mais non qu'il avait agi par vengeance ou injustice.

La jurisprudence extraordinaire résultant des décisions particulières des princes, de leurs rescrits, fixa surtout quelques principes. Cette jurisprudence des rescrits eut une très-grande influence sur le sort des enfants comme sur celui des esclaves.

Nous trouvons dans la loi 5, D. *de lege Pompeia*, l'exemple d'un rescrit d'Adrien qui condamne à la déportation un père qui avait tué à la chasse son fils coupable d'adultère avec sa belle-mère, *quod latronis magis quam patris jure eum interfecisset*. Le rescrit allait chercher l'intention et ne permettait pas que le droit du père couvrît une vengeance ordinaire.

Remarquons que la peine prononcée ici est la déportation, et non la peine capitale édictée par les lois Pompeia et Cornelia.

Peu à peu, et probablement à la suite de ce rescrit, la doctrine s'enhardit et alla jusqu'à appliquer au père les peines de la loi Cornelia, quand il tuait ses enfants. C'est ce qui nous explique la solution de la loi 32 *ad legem Juliam*, et aussi comment Ulpien nous dit (loi 2, D. *ad legem Corneliam de sicariis*) que le père n'a plus le droit de tuer son fils, alors même qu'il croit à sa culpabilité, mais qu'il doit le déférer au préfet ou au président de la province pour le faire punir.

L'autorité impériale anéantissait ainsi peu à peu l'autorité domestique et l'attirait à elle. Mais la corruption des mœurs explique suffisamment pourquoi les liens de famille n'offraient plus une garantie suffisante.

Constantin porta le dernier coup au droit de vie et de mort, déjà presque aboli, d'abord par le pouvoir impérial dont avait usé Adrien, puis par l'application que les prudents avaient faite de la loi Cornelia : il prononça contre le père qui tuerait son fils les peines du parricide. (Loi unique, au Code *de his qui parentes vel filios occiderunt.*)

Le nouveau droit s'écartait encore en un point remarquable des idées anciennes, et se rapprochait par là de notre droit moderne, en ce qu'il exigeait le titre de père en même temps que celui de chef de famille pour l'exercice du droit de vie et de mort, en tant qu'il était conservé par la loi Julia ; et, d'un autre côté, la loi Pompeia *de parricidiis*, si elle n'atteignait pas le père, frappait l'aïeul meurtrier de ses petits-enfants.

Le droit de correction, qui appartenait au père, fut d'abord, comme le droit de vie et de mort, exercé sans contrôle, et la loi fut longtemps sans le réglementer. Il semble même que ce ne fut, dans le principe, que pour les actes entraînant la peine capitale, que le père fut obligé de déférer son fils au magistrat. (Loi 2, D. *ad legem Corneliam de sicariis.*)

Plus tard, le père ne conserva son droit de correction que dans une certaine mesure qui n'est pas bien précisée ; il pouvait encore châtier son fils ; mais, dans le cas de persistance de celui-ci, il devait le déférer au magistrat, qui prononçait la peine réclamée par le père. (Loi 3, Code *de patria potestate.*) Nous retrouvons un principe analogue dans l'art. 376 de notre Code Napoléon.

Il serait fort intéressant de comparer la condition des enfants à celle des esclaves, avec les modifications successives apportées au droit de vie et de mort, comme au droit de simple correction, pour les uns comme pour les autres. Mais cette étude nous entraînerait trop loin, et nous nous contenterons de dire que les interprètes appliquèrent la loi Cornelia au maître qui avait tué son esclave. (Loi 1, § 2, D. *ad legem Corneliam de sicariis.*) Les rescrits améliorèrent beaucoup aussi la condition des esclaves en forçant le maître qui les maltraitait à les vendre à de bonnes conditions. (Inst., l. i, t. viii, § 2, *de his qui sui vel alieni juris sunt.*) Enfin Constantin défendit de leur infliger certains châtiments; mais, en même temps, il déclara que quand l'esclave mourait des suites d'une correction, on ne devait pas inquiéter le maître, quel que fût l'intervalle entre le châtiment et la mort. Le maître devait être considéré comme ayant agi plutôt pour corriger son esclave que par un sentiment de cruauté. (Loi 1, au Code théodosien, *de emendatione servorum.*)

D'autres constitutions introduisirent des causes d'affranchissements forcés.

§ III.

Du droit de vente.

Le droit de vendre les enfants paraît avoir existé, dans le principe, avec toutes ses conséquences ; mais bientôt la faveur que les Romains attachaient à la liberté le fit disparaître, sans qu'on puisse préciser parfaitement à quelle époque, et Constantin a pu dire avec vérité : Les anciens attachaient tant de prix à la liberté, que les pères qui avaient sur leurs enfants droit de vie et de mort n'avaient pas celui de leur enlever la liberté.

Cependant ce droit existait probablement encore au temps des Douze Tables, puisqu'elles renferment ces mots : *Si pater ter filium venum duit, filius a patre liber esto*. D'où il résulte que le fils pouvait être vendu jusqu'à trois fois par son père, et qu'après chaque vente, s'il était affranchi par son maître, il retombait sous la puissance paternelle.

Mais l'enfant ainsi vendu n'était point esclave, il était dans une servitude particulière qu'on appelait *causa mancipii* (G. 1, 132); et il restait dans cette situation jusqu'à ce qu'il en fût tiré par l'affranchissement. Il pouvait être affranchi, comme l'esclave, par le cens, la vindicte ou le testament (G. 1, 138), et, comme l'esclave aussi, l'enfant *in mancipio* était héritier nécessaire du maître qui l'affranchissait et l'instituait par testament (G. II, 160). Le maître qui affranchissait entre-vifs avait lui-même les droits et les obligations d'un patron quant à l'hérédité et quant à la tutelle, quoique l'enfant fût ingénu et non pas *libertinus*.

Plus tard, la *causa mancipii* qui résultait de la vente d'un enfant ne fut plus qu'un état fictif, produisant encore les effets que nous venons d'indiquer, mais qui, en tant que servitude effective, devait cesser aussitôt qu'il avait pris naissance; ce ne fut plus enfin qu'une fiction légale pour arriver à l'émancipation. Telle est l'interprétation donnée par les prudents qui ont tiré de la loi des Douze Tables un moyen de dissoudre la puissance paternelle par trois mancipations pour un fils; mais une seule suffisait pour une fille ou un petit-fils.

Le droit d'aliéner sérieusement un enfant avait alors disparu ; le père ne pouvait plus mettre son enfant au pouvoir d'un autre , si ce n'est pour cause d'abandon noxal ; car c'était là encore une des prérogatives du pouvoir paternel , de se dispenser de répondre des délits du fils en l'abandonnant *in mancipio* à la personne lésée. Ce *mancipium* était sérieux au temps de Gaïus et même longtemps après (G. 4 , 75 et suivants); mais il cessait aussitôt que l'enfant abandonné avait acquis au maître une valeur équivalente à la perte qu'il lui avait causée. Le préteur forçait alors le maître à l'affranchir.

Cet abandon noxal fut enfin supprimé par Justinien, ou plutôt par les progrès du christianisme , qu'il ne fait que constater , d'abord pour les filles , puis pour tous les enfants. (Inst., l. IV, t. VIII, § 7, *de actionibus noxalibus*). L'individu lésé dut alors se contenter de l'action directe qu'il avait contre le fils et de l'action *de peculio* contre le père.

L'émancipation, qui rappelait par sa forme et son origine le droit de vendre les enfants, fut elle-même soumise à certaines règles. Le père ne pouvait émanciper ses enfants malgré eux (Paul II , XXV, V) , si ce n'est pour une juste cause. Il fallait au moins que le fils fût présent à l'acte et ne contestât pas. Il en était de même de la dation en adoption. (Loi 5, D. *de adoptionibus*.)

D'un autre côte, en principe, le père ne pouvait jamais être forcé d'émanciper son fils. La condition qu'on lui en aurait imposée dans un testament aurait été considérée comme non écrite, *quia patria potestas inestimabilis est*. (Loi 114, D. *de legatis, primo*.)

Peu à peu cette jurisprudence changea sous l'influence des

rescrits et par la voie de la procédure extraordinaire ; car cette condition, réputée non écrite aux termes du droit commun, dut être exécutée par l'héritier et le légataire. (Loi 92, D. *de conditionibus et demonstrationibus.*)

C'est un rescrit de l'empereur Sévère qui, par équité, donna d'abord cette solution contraire aux principes rigoureux.

Il y eut même des cas où le père dut être forcé d'émanciper son fils, sur la réclamation de celui-ci. Quand un impubère avait été adopté, et qu'il réclamait son émancipation lorsqu'il était pubère, le juge pouvait l'ordonner *causa cognita*, c'est-à-dire après avoir examiné les circonstances du fait. (L. 31, **32, 33**, D. *de adoptionibus et emancipationibus.*) Trajan força également ment un père à émanciper son fils pour cause de mauvais traitements. (Loi 5, D. *si quis a parente manumissus.*) Mais ces cas étaient très-rares : *Non facile pater emancipare filium cogi poterit.* (Inst., l. I, t. XII, § dernier, *quibus modis jus potestatis solvitur.*)

Sous les empereurs chrétiens, les enfants que leurs parents vouaient au vice purent s'adresser aux évêques ou aux juges pour se faire mettre hors leur puissance. (Loi 6, au Code *de spectaculis.*)

Nous en aurions fini avec le droit de vendre les enfants, en exposant l'émancipation et l'abandon noxal, seuls vestiges qui en restent au temps des grands jurisconsultes romains, si nous n'avions à examiner quelques constitutions du Bas-Empire qui nous rejettent plusieurs siècles en arrière.

Dioclétien avait constaté comme un point de droit évident qu'on ne pouvait ni vendre, ni donner, ni constituer en gage ses propres enfants ; mais bientôt, sous l'influence de la misère, beaucoup de parents se virent forcés de recourir à ces moyens, ou d'exposer ou de faire mourir leurs enfants. La misère fut si grande, qu'il fallut non punir ces crimes, mais les réglementer.

Une première constitution de Constantin, afin d'éviter les meurtres des enfants par leurs parents, décida que ceux qui seraient exposés devraient recevoir sans retard des autorités publiques de la nourriture et des vêtements. Une autre constitution promit des secours sur le trésor public aux parents pauvres, de peur qu'ils ne fussent mis dans l'alternative de commettre un crime ou de mourir de faim. Mais la pénurie du trésor public empêcha probablement d'exécuter ces constitutions. (Lois 1 et 2, au Code théodosien, l. xi, t. 27.)

Il fallut en venir à permettre de vendre les enfants, au sortir du sein de leurs mères (*sanguinolentos*), à des personnes qui se chargeraient de les nourrir : c'était un dernier moyen pour empêcher le meurtre et l'exposition. La vente est reconnue valable par Constantin, et les personnes qui se sont ainsi chargées d'un enfant nouveau-né ont droit à ses services tant qu'il ne peut pas, par lui-même ou par autrui, offrir à son maître un autre esclave ou une valeur équivalente. Mais quand il a fourni cette valeur, il redevient libre et ingénu, parce qu'il n'a jamais été que *in servitute*, et non esclave à proprement parler.

Cette constitution est relatée, dans le Code de Justinien, comme une dérogation au principe général posé par Dioclétien.

§ IV.

Du droit du père quant au mariage de ses enfants.

Les enfants ne pouvaient, à Rome, se marier sans le consentement du père de famille sous la puissance duquel ils se trouvaient, et ce consentement devait même précéder le mariage. Mais, outre l'autorité qui s'attache au titre de père de famille, il y a ici un autre principe dont il faut tenir compte : c'est que personne ne pouvait avoir malgré lui un héritier sien. D'où il résultait que le consentement du père de famille ne suffisait pas seul, mais qu'on devait y joindre celui de tous ceux auxquels le mariage pouvait donner un héritier sien. Aussi le consentement du père de famille suffisait seul pour le mariage d'une fille, parce qu'elle ne pouvait jamais donner d'héritiers siens aux membres de la famille dont elle était issue. Par conséquent, si le père de famille était l'aïeul de la fille, le consentement du père qui n'était pas *sui juris* n'était pas exigé. Si, au contraire, il s'agissait du mariage d'un fils, comme ce mariage pouvait donner des héritiers siens d'abord à l'aïeul père de famille, puis au père, quand l'aïeul serait mort, on exigeait à la fois le consentement de l'aïeul père de famille et celui du père qui n'était pas encore *sui juris*. (Loi 16, § 1, D. *de ritu nuptiarum*.)

Quelquefois il arrive qu'il est impossible d'obtenir le consentement de l'un des ascendants qui doivent le donner : par exemple , quand il est en état de folie, ou absent, ou prisonnier chez
l'ennemi.

Quand le père de famille était fou , on se passait de son consentement pour le mariage de la fille ; mais on conservait des
doutes pour le mariage du fils, par la raison que j'ai indiquée
plus haut, c'est-à-dire parce que de cette union pouvaient
naître des héritiers siens au père de famille malgré lui (*ne invito
ei hæres suus agnascatur*). Justinien permit, dans tous les cas,
de se passer du consentement du père de famille après informa-
tion faite et sur l'avis exprimé par le préfet de la ville , à Rome ,
et par les gouverneurs ou les évêques, dans les provinces. (Loi 25,
au Code *de nuptiis.*)

Ulpien décidait déjà que, quand le père ou l'aïeul était fou, le
consentement de l'autre suffisait seul pour le mariage du fils.

Dans le cas d'absence ou de captivité du père de famille , on
se contentait du consentement présumé qu'il donnerait probablement au mariage , s'il en avait connaissance, et, après trois ans
d'absence ou de captivité, on permettait aux enfants de contracter un mariage, pourvu qu'il présentât des garanties telles que
le père ne dût pas le désapprouver. (Loi 11, D. *de ritu nuptiarum.*)

Le père de famille devait toujours, sauf le cas que nous venons
d'indiquer, autoriser le mariage de ses enfants ; mais il ne pouvait pas les forcer à se marier (loi 21, D. *de ritu nuptiarum*),
pas plus qu'il ne pouvait les contraindre à rester dans le célibat,
que les loi Julia et Papia Poppea avaient frappé de déchéances
et d'incapacités dont le fils avait intérêt à sortir. La perpé-

tuité de la puissance paternelle, jointe à la nécessité du consentement du père de famille pour le mariage de ses enfants, était cependant un obstacle bien grave que fit disparaître une constitution de Sévère et d'Antonin : elle força à donner leur autorisation les pères de famille qui s'y refusaient injustement. La même constitution contraignit même les pères de famille de donner une dot à leurs filles. (Loi 19, D. *de ritu nuptiarum.*)

Cette action des filles pour avoir une dot a un caractère extraordinaire à un double point de vue : d'abord parce qu'elle est exercée par une personne *alieni juris*, et ensuite parce qu'elle est donnée contre le père de famille, dont les intérêts pécuniaires se confondaient ordinairement avec ceux de ses enfants. Aussi se poursuivait-elle extraordinairement devant le magistrat.

Cette action, se fondant précisément sur la puissance paternelle, n'était donnée que contre celui qui avait cette puissance, et non, par conséquent, contre l'aïeul maternel pas plus que contre la mère ; mais il paraît cependant résulter de la loi 12, § 3, D. *de administratione et periculo tutorum,* que le frère était obligé de doter sa sœur née du même père que lui.

§ V.

Des égards (obsequia) *dus par les enfants aux parents qui n'avaient pas le droit de puissance paternelle.*

Les enfants devant le respect à tous leurs ascendants, père, mère et aïeuls, rien ne pouvait les en dispenser. Alors même qu'il ne s'agissait que d'une parenté servile , ces devoirs n'en existaient pas moins après l'affranchissement. (Loi 1, § 2, D. *de obsequiis.*) Si les enfants manquaient à ce respect par des outrages ou des mauvais traitements, ils devaient être déférés au préfet de la ville qui était chargé de les punir. Les injures envers les parents rendaient même indigne de servir dans l'armée.

Les devoirs des enfants envers leurs parents étaient à peu près les mêmes que ceux des affranchis envers leurs patrons, sauf qu'ils ne leur devaient pas de travaux *(operæ)*, même quand ils avaient été émancipés par eux : *pietatem liberi parentibus, non operas debent.* (L. 10, D. *de obsequiis.*)

Dans les procès qu'ils pouvaient avoir contre leurs parents, les enfants étaient soumis à certaines formes déterminées , eu égard au respect qu'ils leur devaient.

Un fils ne pouvait appeler son ascendant en justice sans la permission du préteur, et cette règle était applicable même à la mère d'un fils *vulgo quæsitus* ou d'un enfant qu'elle avait eu dans l'esclavage. Tous les ascendants jouissaient du même droit, excepté les ascendants du père adoptif, parce que l'adoption ne créait ni l'*agnatio* ni la *cognatio* vis-à-vis eux. (Lois 4, 5, 6, D. *de in jus vocando.*) Le fils qui appelait son ascendant en justice sans avoir préalablement obtenu la permission du préteur s'exposait à une condamnation de cinquante écus d'or. Cette peine ne pouvait être exigée que dans l'année, et elle n'était pas donnée contre l'héritier de l'enfant coupable. (Loi 24, D. *de in jus vocando.*)

Dans le cours du procès lui-même, il fallait garder une certaine mesure : certaines actions infamantes ne devaient pas être intentées sous leur véritable nom. Les actions de dol ou d'injures et l'interdit *unde vi* étaient remplacés par des actions *in factum,* et il en était de même des exceptions que les enfants pouvaient avoir à proposer.

Enfin les parents, alors qu'ils plaidaient contre leurs enfants, n'étaient pas tenus de prêter le serment *de calumnia,* et, de plus, ils jouissaient du bénéfice de compétence, c'est-à-dire qu'ils n'étaient condamnés que *in quantum facere possent,* jusqu'à concurrence de ce qu'ils pouvaient payer.

Une dernière remarque à faire sur cette matière, c'est qu'on finit, dans le Bas-Empire, par donner aux parents âgés, sans distinguer s'ils avaient la puissance paternelle, le droit de correction, même corporelle, sur les enfants placés sous leur surveillance. (Loi unique, au Code *de emendatione propinquorum.*) On voulait que les proches parents, qui ne pourraient pas ramener les enfants dans la voie du bien par l'autorité de l'exemple, pussent le faire au moyen du châtiment.

Cependant les délits d'une certaine gravité, et dont la punition excédait la mesure de cette *domestica emendatio* mal déterminée, devaient être déférés au magistrat *eadem lege.* (Loi 4, au Code *de patria potestate.*)

Nous avons vu que c'était là précisément le droit du *pater-familias* investi de la puissance paternelle; mais ce droit n'est plus son apanage exclusif; l'institution a perdu son caractère d'originalité, et c'est ainsi désormais que, dégénérée du droit civil, se rapprochant du droit naturel, elle va passer dans les lois modernes, où nous avons à la suivre

DROIT FRANÇAIS.

DES DROITS RÉSULTANT DE LA PUISSANCE PATERNELLE SUR LA PERSONNE DES ENFANTS.

> Pietatem liberi parentibus, non operas debent.
>
> (Loi 10, *in fine*, D. *de obsequiis parentibus et patronis præstandis.*)

CHAPITRE PREMIER.

NOTIONS HISTORIQUES ET PRINCIPES GÉNÉRAUX.

La puissance paternelle s'était, nous l'avons dit, considérablement affaiblie dans le droit romain ; elle n'était pas restée aussi strictement attachée au titre de père de famille. C'est en cet état que l'acceptèrent les pays de droit écrit, où, malgré cette diminution, elle demeura toujours plus forte que dans les autres parties de la France. Son caractère vraiment distinctif fut alors la perpétuité ; car elle durait jusqu'à la mort du père ou du fils, sauf le cas où celui-ci jouissait du bénéfice de l'émancipation.

Quant à l'administration des biens qui appartenaient aux enfants, administration dont nous n'avons pas à nous occuper, elle restait soumise aux règles du droit romain, et la personnalité du fils dans la famille se distinguait encore faiblement à de nombreux points de vue.

Dans les pays de coutumes, au contraire, prévalut l'élément germanique, l'indépendance individuelle et quant aux biens et quant aux personnes. La puissance paternelle revêtait, dans le droit germanique, un caractère de tutelle et de protection : comme beaucoup d'autres institutions analogues, elle prenait le nom de *mundium* ou *mainbour*, *mundeburgis*, mot qui se traduit dans quelques anciens textes par *tuitio*, *defensio*. Ce n'était donc plus la *potestas*, ce mélange de commandement et de propriété.

Le *mundium* cessait dès que l'enfant, capable de porter les armes, pouvait paraître dans l'assemblée des guerriers, c'est-à-dire, en général, à l'âge de quinze ans.

Tels sont les principes qui prévalurent dans le moyen âge, et que constatent les Assises de Jérusalem. Cependant la majorité fut fixée à l'âge de vingt-cinq ans, au moins pour les bourgeois et roturiers.

Le *mundium* différant essentiellement de la puissance paternelle du droit romain, quelques auteurs ont pu dire, dans notre ancien droit : En pays de coutume, puissance paternelle n'a lieu. Ce qui voulait dire seulement que cette puissance n'avait pas le caractère despotique qu'elle avait dans le droit romain, et qu'elle ne durait pas perpétuellement.

Mais tout le monde reconnaissait que, jusqu'à la majorité, c'est-à-dire jusqu'à vingt-cinq ans, l'enfant se trouvait sous la garde de ses parents, qui avaient le droit de gouverner avec autorité sa personne et ses biens, tant qu'il n'était pas d'âge à se conduire lui-même, et d'exiger de lui des devoirs de respect et de reconnaissance. (Pothier, *Traité des personnes*, partie I, titre VI, section II.)

Le pouvoir sur la personne se divisait en deux parties qu'on appelait le droit de garde et le droit de correction.

Le droit de garde consistait à empêcher l'enfant de pouvoir, sans l'autorisation de ses parents, quitter la maison paternelle, aussi bien que les établissements dans lesquels ils avaient jugé à propos de le placer soit pour le faire instruire, soit pour toute autre cause. Il ne pouvait pas non plus, sans cette même autorisation, s'engager dans les ordres religieux, ni contracter mariage.

On admettait cependant que les fils de famille pouvaient valablement s'engager au service du roi sans le consentement de leurs père et mère. L'intérêt public, dans ce cas, l'emportait sur l'intérêt privé de la puissance paternelle. (Pothier, *ibidem.*)

Le droit de correction était réglementé par une jurisprudence spéciale, qui permettait au père de famille de faire enfermer ses enfants, âgés de moins de vingt-cinq ans, dans des maisons de correction ; mais, dans le cas où il avait convolé en secondes noces, il ne le pouvait sans avoir obtenu la permission du juge, qui ne lui était accordée qu'après avoir pris l'avis d'une assemblée de parents tant paternels que maternels.

Quant à la mère, elle avait toujours besoin de la permission du juge pour exercer le droit de correction ; encore ne pouvait-elle le faire qu'après le décès du père.

Ces principes avaient été fixés par des arrêts de règlement des 9 et 13 mars 1673, 14 mars 1678, 27 octobre 1696 et 30 juillet 1699. D'après ces arrêts, les père et mère ne pouvaient faire constituer leurs enfants prisonniers dans les prisons ordinaires, mais seulement dans certaines maisons de correction qu'ils déterminaient, et parmi lesquelles se trouvaient celles de Ville-neuve-sur-Gravois, de St-Lazare, de l'officialité de Paris, etc. Il était défendu aux geôliers de toutes autres prisons de les recevoir, à peine de trois cents livres d'amende. (Guyot, *Repertoire*, v° *correction*.)

Comme on le voit, le père qui n'était pas remarié agissait tou-jours par voie d'autorité, quel que fût l'âge de son fils qui n'avait pas encore atteint sa majorité. Ce n'était que dans des cas exceptionnels que les enfants avaient le droit de présenter requête aux magistrats pour se faire mettre ou maintenir en liberté ; alors le père devait s'expliquer sur les causes de l'emprisonnement. (Arrêt du parlement de Paris du 25 mai 1680, rendu sur les conclusions d'Omer Talon.) (Guyot, *Répertoire*, v° *puissance paternelle.*)

Ainsi, le mode de correction reconnu par la jurisprudence était l'emprisonnement dans certaines maisons déterminées.

Quant à la correction corporelle, elle était tolérée par nos anciens auteurs, à la condition pourtant qu'elle ne dégénérât pas en excès et mauvais traitements trop graves.

La coutume de Liége décidait que les parents pouvaient corriger et battre leurs enfants sans être tenus d'aucune amende en justice, si ce n'est dans le cas de blessure. (Art. 27, § 26, *de la paix de St-Jacques*.) Ils pouvaient aussi les enfermer dans une chambre pour peu de temps ; mais ils ne pouvaient les faire emprisonner, surtout hors du pays, sans un décret de l'official de Liége ou du juge ordinaire. Ce décret devait être obtenu et montré au geôlier dans le troisième jour de l'emprisonnement.

Tels étaient les principes généraux des pays de coutume, où la puissance paternelle appartenait, comme nous l'avons vu, à la mère aussi bien qu'au père, quoique la mère ne pût en jouir que du jour où elle devenait veuve.

La coutume de Hainaut allait plus loin encore, car elle décidait que la mère, en se remariant, transférait à son nouvel époux la puissance paternelle qu'elle avait sur ses enfants, tandis qu'elle devenait elle-même incapable de l'exercer.

Les tuteurs étaient aussi autorisés, en suivant les mêmes règles que les père et mère, à user du droit de correction.

Ces principes ont passé, à quelques modifications près, dans les articles de notre Code.

Nous devons, dans ces notions préliminaires, examiner en peu de mots :

1° Le caractère général de la puissance paternelle en France ;

2° Le devoir de respect des enfants envers leurs parents ;

3° Les personnes auxquelles appartient la puissance paternelle et les conditions exigées pour son exercice ;

4° Les moyens généraux par lesquels elle se manifeste.

Ce dernier point nous fournira la division générale du reste de la matière.

I. L'autorité paternelle a, sans aucun doute, pour but de garantir le respect dû aux parents ; mais elle est surtout organisée comme une conséquence du devoir d'éducation qu'ils contractent envers leurs enfants en leur donnant le jour. (Art. 203 C. N.) Les droits des père et mère ne doivent être considérés que comme des moyens d'éducation destinés à protéger les enfants contre leur inexpérience et à réprimer leurs mauvais penchants. Quant aux délits véritables, ce n'est pas au père de famille, mais à la société qu'il appartient d'en poursuivre la répression.

II. Aussi la loi n'a-t-elle établi le père comme *juge* de ses enfants dans aucun cas ; elle ne lui a donné qu'un pouvoir de direction et de surveillance. C'est pourquoi, sous le titre de la puissance paternelle qui nous occupe, elle n'a parlé d'aucune obligation imposée à l'enfant à l'égard de ses père et mère, si ce n'est de celle qui est écrite dans l'article 371 du Code Napoléon : l'enfant, à tout âge, doit honneur et respect à ses parents. Mais il est évident que cette obligation comprend, avec le père et la mère, tous les autres ascendants, bien qu'ils n'aient pas la puissance paternelle. D'ailleurs cette obligation est toute morale, et on ne peut lui donner d'autre sanction que celle qu'elle a reçue de lois spéciales.

Ainsi la loi du 17 mai 1832 sur la contrainte par corps (art. 19) a déclaré que la contrainte par corps ne pouvait jamais être prononcée contre un ascendant au profit de son descendant.

Ainsi encore, par respect pour les actes faits par un ascendant, l'article 1080 Code Nap. exige que l'enfant qui veut attaquer partage d'ascendant fasse l'avance des frais de l'estimation, et qu'il les supporte en définitive, s'il succombe, sans qu'on puisse compenser les dépens, contrairement au principe général qui veut qu'entre parents les dépens soient le plus souvent compensés. (Art. 131 Code proc. civ.)

Mais on ne saurait tirer de l'article 371 du Code Napoléon aucune autre conséquence légale, et l'on n'admet celles-là que parce qu'elles sont écrites dans la loi. Le devoir est purement moral et n'a pas de sanction civile.

D'où il résulte qu'on ne pourra plus, comme en droit romain, soumettre à des formalités spéciales les actions à intenter contre un ascendant, ni interdire certaines actions à l'enfant, qui pourra toujours agir, s'il y a lieu, contre ses parents, soit au civil, soit même par une plainte au criminel, dans les cas où ces actions sont autorisées : par exemple, quand le père, oubliant que la nature et la loi le déclarent le protecteur de son enfant, va le diffamer publiquement ou l'insulter (loi du 17 mai 1819), alors que la loi elle-même (article 728 du Code Napoléon) excuse les plus proches parents de n'être pas allés dénoncer un crime commis par leur parent. Sans doute un fils qui intenterait de telles actions contre son père manquerait au respect que lui imposent la morale et la nature; mais la loi n'oppose aucun obstacle réel à sa poursuite. Des auteurs ont, il est vrai, décidé que l'enfant ne pourrait jamais être admis à prouver contre ses parents des faits déshonorants; mais l'article 380 du Code pénal démontre le contraire, puisqu'il déclare que le vol commis par les parents au préjudice de leurs enfants ne donne lieu qu'à des réparations civiles. Il est donc évident qu'il y a possibilité d'agir pour obtenir ces mêmes réparations.

III. La puissance paternelle, fondée sur le devoir des père et mère et sur leur affection présumée, n'est plus , comme en droit romain, le privilége exclusif du chef de famille ; mais elle appartient au père et à la mère, et à nul autre ascendant. Cependant le père seul en a l'exercice pendant le mariage. Il est le chef du ménage, et la femme empiéterait sur l'autorité maritale, si elle pouvait exercer un pouvoir contradictoire avec celui du mari.

Mais la puissance du père peut être anéantie par différentes causes qui en font cesser les effets sans porter atteinte aux devoirs de respect dont nous avons parlé.

La puissance paternelle prend fin , tant pour le père que pour la mère, par la majorité ou par l'émancipation de l'enfant ; mais elle continue cependant à avoir encore certains effets, quant au mariage des enfants, même après leur majorité , et nous aurons à les examiner spécialement.

La puissance paternelle peut aussi prendre fin par la mort de l'un des conjoints, mais en ce qui concerne ce conjoint seulement. Dans le cas du prédécès de la mère , comme elle n'a jamais eu l'exercice de la puissance paternelle, sa mort ne change rien au droit du père, tant qu'il ne se remarie pas ; mais, s'il se remarie, son droit de correction est soumis à certaines restrictions dont nous aurons à parler.

Si, au contraire, c'est le père qui prédécède, la mère prend l'exercice de la puissance paternelle, dont elle n'a eu jusque-là que la jouissance virtuelle. Si elle peut employer elle-même les moyens mis à sa disposition par la loi, elle n'a cependant pas un pouvoir aussi énergique que son mari , car le législateur lui a tracé des limites plus étroites.

Il peut même arriver que le père ne soit pas mort, mais qu'il soit incapable d'exercer la puissance paternelle ; alors il devient nécessaire de remettre cette puissance aux mains de la mère. Ces cas, de l'examen desquels nous aurons successivement à nous occuper, sont :

L'absence du père, qui se distingue des autres cas en ce qu'elle prend sa source dans un simple fait, mais non dans une décision judiciaire, et en ce qu'elle crée une impossibilité, mais non une incapacité ;

L'interdiction judiciaire ;

L'interdiction légale ;

La privation de la puissance paternelle prononcée contre lui, aux termes de l'article 335 du Code pénal ;

Enfin, et dans certaines limites, la séparation de corps, quand elle est obtenue contre le mari.

Si la femme se trouve dans l'impossibilité d'exercer la puissance paternelle, le droit du mari ne se trouve pas plus atteint que si elle était morte.

Il peut encore arriver que le père et la mère soient tous les deux morts ou incapables d'exercer la puissance paternelle. Elle passe alors, avec des modifications, au tuteur de l'enfant. Le tuteur peut même se trouver en concours avec la mère non tutrice : c'est un cas que nous aurons à examiner plus spécialement.

Telles sont les personnes qui jusqu'à la majorité ou à l'émancipation de l'enfant ont sur lui la puissance paternelle.

IV. Comment se manifeste la puissance paternelle ?

Elle se manifeste par les droits de garde, d'éducation et de correction, et par le pouvoir donné aux parents quant au mariage et à l'émancipation des enfants.

Ces droits sont différents selon qu'ils sont exercés par le père, par la mère ou par un tuteur.

Aussi examinerons-nous d'abord le droit de garde et le droit de correction, en tant qu'ils sont exercés par le père, puis en tant qu'ils sont exercés par la mère, et enfin par le tuteur.

Nous traiterons ensuite des consentements exigés pour le mariage des enfants, dans les différentes hypothèses dans lesquelles on peut se trouver, puis de l'émancipation des enfants mineurs, qui est un autre attribut de la puissance paternelle.

Enfin nous nous occuperons séparément des droits des parents naturels, qui se distinguent par quelques particularités de ceux des parents légitimes.

Nous commencerons par examiner successivement en quoi consistent les droits de garde, d'éducation et de correction, qui appartiennent au père quand aucune des incapacités que nous avons signalées n'est venue l'atteindre.

CHAPITRE II.

DU DROIT DE GARDE ET D'ÉDUCATION.

Les droits des parents sur la personne des enfants ne sont plus, en quelque sorte, qu'un corollaire de leurs obligations. La loi leur impose le devoir d'élever leurs enfants et de leur assurer les moyens de conserver la vie qu'ils leur ont donnée; et elle les punit dans le cas où, pour se soustraire à cette obligation, ils auraient exposé ou abandonné un enfant (article 348 et suivants du Code pénal). Mais alors il faut que la loi leur donne, en même temps, une certaine autorité à laquelle les enfants ne puissent se soustraire arbitrairement.

De là le droit de garde et d'éducation. Le droit de garde consiste en ce que le père peut retenir ses enfants dans la maison paternelle jusqu'à leur majorité ou à leur émancipation, sauf le cas d'enrôlement volontaire après vingt ans.

De ce que l'enfant ne peut quitter la maison paternelle sans la permission de son père, il résulte que celui-ci aurait le droit de l'y faire ramener *manu militari*, s'il venait à s'en échapper. C'est, en effet, une conséquence nécessaire du principe; et d'ailleurs le père, qui a le droit de faire détenir son fils, soit par voie d'autorité, soit par voie de réquisition, doit avoir aussi nécessairement celui de le faire ramener chez lui. Mais aussi le père doit veiller à ce que son fils ne manque d'aucun des objets nécessaires à la vie.

La loi n'a mis qu'une exception au droit de garde ; elle est relative à l'enfant qui veut contracter un enrôlement volontaire, et auquel la loi permet de quitter à vingt ans le domicile de son père. Le Code Napoléon le lui permettait même à dix-huit ans ; mais c'était là un âge trop peu avancé, et, dans l'intérêt de l'enfant autant et plus que dans celui de la puissance paternelle, il était nécessaire de reculer cette limite. C'est ce qui fut fait par la loi du 21 mars 1832, art. 32, 50.

En vertu du droit de garde, le père peut empêcher son fils d'aller chez telles personnes qu'il voudra. On doit cependant en excepter la mère séparée de corps et les ascendants, auxquels l'enfant doit honneur et respect, et auxquels on ne peut enlever un droit que leur donne la nature et l'affection. Le père ne pourrait pas non plus porter à l'excès cette défense faite à son enfant de visiter toutes personnes. La puissance paternelle ne peut dégénérer en despotisme, ni servir de prétexte à une séquestration arbitraire.

A l'émancipation par mariage ou autrement, de même qu'à la majorité, le droit de garde cesse, et l'enfant devient libre d'aller où il veut. Mais il est évident que le mariage, pour opérer l'émancipation, doit être un mariage valable, car, s'il a été contracté, par exemple, sans le consentement du père, celui-ci a le droit d'en faire prononcer la nullité, et de reprendre la garde de son enfant. Cependant, s'il laissait écouler le délai de son action

sans l'intenter, le mariage, ainsi validé, produirait alors l'émancipation.

Le droit de garde emporte le droit d'éducation, c'est-à-dire le
droit d'élever l'enfant suivant telles règles que le père de famille
juge convenables, et de le placer dans les établissements d'instruction qu'il veut choisir. Alors l'enfant est tenu de rester dans
ces établissements comme dans la maison paternelle elle-même,
et il ne peut les quitter sans l'autorisation du père.

Le père peut aussi placer son fils en apprentissage, ou le faire
travailler dans un atelier ou dans une manufacture; mais ici la
loi est intervenue, dans la crainte qu'on n'imposât à l'enfant un
travail au-dessus de ses forces. Aux termes de la loi du 22 mars
1841, sur le travail des enfants dans les manufactures, les directeurs de manufactures et fabriques à moteur mécanique et à feu
continu, ou réunissant plus de vingt ouvriers, ne peuvent admettre d'enfants au-dessous de huit ans dans leurs ateliers, ni
même les y admettre avant douze ans s'ils ne fréquentent l'école;
après douze ans, les enfants ne peuvent être reçus que sous
cette même condition, ou en prouvant qu'ils ont reçu l'instruction
primaire.

Le travail est lui-même réglementé, quant à sa durée et à sa
division, suivant l'âge des enfants; et une sanction pénale est
prononcée contre les directeurs des établissements qui auraient
enfreint ces règles. La loi n'atteint pas, il est vrai, directement
le père de famille qui se serait rendu complice de ces délits
en forçant lui-même son enfant à se livrer à un travail au-dessus de ses forces. Les législateurs, tout en flétrissant la conduite
du père, n'ont donné, dans leur discussion orale, qu'une solution
vague à la question de responsabilité du père de famille. Certains

auteurs ont conclu de cette discussion et des termes de l'article 444 du Code Napoléon, au titre de la tutelle, par argument d'analogie, que le père qui se rendait coupable de semblables excès de pouvoir était déchu de la puissance paternelle. Mais ce raisonnement nous paraît erroné. La puissance paternelle ne se perd que par les moyens prévus par un texte spécial, et on ne peut étendre une pareille incapacité. Il nous semble que, pour réprimer cet abus de la puissance paternelle, il serait plus simple d'appliquer la théorie de la complicité dont nous trouvons ici tous les éléments, et de punir le père de famille, comme le directeur d'atelier ou de manufacture chez lequel il aurait consenti à faire travailler son enfant en dehors des termes de la loi.

Cependant il faut convenir que cette règle serait inapplicable au cas, du reste fort rare, où un père ferait travailler son enfant dans deux manufactures à la fois, et dans chacune pendant le temps réglementaire. On ne peut donc que s'en remettre à la tendresse du père lui-même sur ce point, sauf à le poursuivre devant les tribunaux si, pour assurer l'exécution de ses injustes exigences, il emploie des moyens qui rentrent dans la classe des délits. Le père ne pourra, à plus forte raison, contraindre son fils à se livrer, sous ses yeux, à des travaux au-dessus de ses forces.

L'éducation comprend aussi bien l'éducation religieuse et morale que l'instruction. Sans doute le père ne pourra pas faire violence à la conscience, même d'un enfant, et imposer des règles à sa pensée ; mais c'est à lui qu'il appartiendra néanmoins de veiller à ce qu'il reçoive les principes d'instruction morale et religieuse où il le jugera le plus convenable, et, par suite, à ce qu'il soit élevé dans la religion de son choix. C'est là une conséquence nécessaire du droit de garde et de surveillance, que nul ne pourra disputer au père de famille, pas plus l'autorité publique que la mère. Certains auteurs ont cependant voulu que la clause insérée dans le contrat de mariage, et par laquelle les époux seraient convenus d'élever tous leurs enfants ou certains d'entre eux dans la religion de la mère, fût considérée comme valable. Mais il est évident que par là le mari abdiquerait une partie de son autorité paternelle, puisque c'est là une de ses prérogatives. Une pareille clause est frappée de nullité par l'article 1388 du Code Napoléon ; elle pourrait souvent, d'ailleurs, malgré des raisons de convenance apparente, être une source de troubles et de discorde au sein de la famille.

Tel est, en résumé, le droit de garde et d'éducation. Ce droit est le seul qui n'éprouve pas de modifications par suite des différentes circonstances où il s'exerce et des personnes qui en sont dépositaires.

Ainsi le père l'exerce tant qu'il ne se trouve pas dans un des cas d'incapacité prévus par la loi, soit du vivant de la mère, soit après la mort de celle-ci, et alors même qu'il serait remarié. La mère elle-même, dans le cas de mort ou d'incapacité du père, enfin le tuteur autorisé par le conseil de famille, l'exercent de la même façon.

Cependant, pour le cas de séparation de corps, certaines difficultés se sont élevées. Le Code ne s'est expliqué positivement que pour le cas de divorce. Les enfants, aux termes de l'article 302 C. N., devaient être confiés à l'époux qui avait obtenu le divorce, sauf le cas où le tribunal aurait jugé qu'il était plus conforme à l'intérêt des enfants qu'ils fussent remis à l'autre époux, ou même à une tierce personne.

4

Quelle que fût la personne à laquelle les enfants étaient confiés, les parents n'en conservaient pas moins respectivement le
droit de surveiller leur instruction et leur éducation ; et le droit
de garde était changé à l'égard du père, si l'enfant ne lui était
pas confié, en un droit de surveillance qui s'exerçait par les
mêmes moyens ; mais il n'avait pas le droit de retenir l'enfant
dans son domicile.

Ces principes doivent évidemment s'appliquer à la séparation
de corps, car il y a même raison de décider ; en conséquence, les
tribunaux pourront ordonner, en cas de séparation de corps,
comme ils auraient fait en cas de divorce, que l'enfant sera placé
chez celui des époux qu'ils jugeront convenable, ou même chez
un tiers, par exemple dans une maison d'éducation. Dans tous
les cas, on devra réserver à chacun des époux le droit d'aller voir
son enfant, soit qu'il ait été placé chez l'autre conjoint ou chez
un tiers.

Le droit de garde et d'éducation, bien que n'ayant pas sa
sanction en lui-même, est la partie la plus essentielle de la puissance paternelle, et celle dont l'abus serait le plus préjudiciable à
l'enfant. En effet, si le père, au lieu d'inspirer à ses enfants les
principes du devoir et de la morale, ne leur donnait que de mauvais exemples, le droit de les avoir et de les garder auprès de lui
pourrait devenir très-dangereux ; quelquefois même ce serait une
occasion de mauvais traitements et de sévices envers les enfants.

Aussi les auteurs se sont-ils préoccupés du point de savoir si
le ministère public n'avait pas un droit de surveillance et de
haute police sur l'exercice de la puissance paternelle, et ne pouvait pas faire décider par les tribunaux que les enfants seraient
enlevés à leurs parents et placés chez un tiers, dans le cas, par

exemple, où le père ou la mère auraient une inconduite notoire, ou se rendraient coupables de mauvais traitements envers leurs enfants.

Il importe, dit-on, de mettre l'enfant à l'abri des mauvais exemples et de la méchanceté de ses parents. On ne peut évidemment pas remettre à un père, condamné pour avoir maltraité ses enfants, ces mêmes enfants, alors que la condamnation n'a fait que l'aigrir davantage et exciter ses mauvais penchants.

La loi a fait quelques pas dans cette voie, puisque nous venons de voir qu'en cas de séparation de corps, elle a permis aux tribunaux de placer les enfants où ils le jugeront convenable, et leur a même prescrit en principe de les remettre à l'époux qui a obtenu la séparation de corps, parce qu'elle le regarde comme plus moral et plus capable de leur donner de bons exemples.

C'est ainsi encore que, dans le cas où, par un odieux abus de son autorité, le père ou la mère aurait favorisé la corruption de ses enfants mineurs, l'article 335 du Code pénal prive le coupable de tous les droits de la puissance paternelle, des droits de garde et de correction, et par conséquent soustrait les enfants à sa surveillance.

Mais peut-on étendre ce moyen à d'autres cas que ceux qui ont été spécialement prévus par les textes? Peut-on donner aux tribunaux un pouvoir discrétionnaire de placer les enfants chez des tiers? Nous ne croyons pas, malgré l'opinion contraire de certains auteurs, que le droit de surveillance accordé à la justice puisse aller jusque-là. En l'absence d'un texte, il faudrait se jeter dans une voie d'arbitraire toujours dangereuse, et établir une sorte d'inquisition domestique. Il vaut mieux se confier à la tendresse ordinaire des parents et au respect que la faiblesse de l'enfant doit inspirer même aux plus vicieux (1). Si des délits ont été commis, la loi est là pour les réprimer; mais nous ne croyons pas qu'elle puisse aller plus loin.

(1) Maxima deletur puero reverentia.....

CHAPITRE III.

DU DROIT DE CORRECTION.

Il fallait au droit de garde et d'éducation du père de famille une sanction dont il pût disposer, dans une certaine mesure, à son gré. Il fallait, en effet, qu'il pût faire exécuter par lui-même ses volontés, et punir les écarts de l'enfant indocile, tant que celui-ci se trouverait sous sa garde et sa surveillance, c'est-à-dire jusqu'à la majorité ou à l'émancipation.

Mais ce droit de correction n'est pas, comme le droit de garde, uniforme dans tous les cas entre les mains du père; il varie, au contraire, selon l'âge et la position de l'enfant, et, dans le cas où la mère est morte, selon que le père est ou non remarié.

Nous ne traiterons point ici de la correction corporelle; la loi n'en a parlé nulle part, et la puissance paternelle ne peut jamais être une excuse pour des sévices ou des violences, ni pour des séquestrations arbitraires. Quand de pareils faits se produiront, ils devront être punis comme s'ils avaient été commis par des étrangers. Ce sera, du reste, aux tribunaux d'apprécier si la gravité des faits constitue un délit, ou si, au contraire, il ne s'agit que de cette correction modérée qui a été permise ou tolérée partout.

Examinons donc les moyens légaux de correction, ceux que notre Code donne au père pour faire respecter son autorité.

Le moyen mis à sa disposition, tant que l'enfant n'a pas quinze ans accomplis, est ce qu'on appelle la détention par voie d'autorité, c'est-à-dire que le père peut faire détenir son enfant qui n'a pas commencé sa seizième année, pendant un certain temps, dans une maison de correction, sans que personne puisse s'y opposer. Il lui suffira alors de présenter une demande au président du tribunal de l'arrondissement de son domicile, qui devra nécessairement délivrer l'ordre d'arrestation, alors même que la demande lui semblerait injuste.

Cependant cette détention ne pourra excéder un mois. Elle ne constitue pas une peine rentrant dans une catégorie légale, et la loi n'a pas fixé le lieu où elle devrait être subie. Seulement on devra, autant que possible, éviter de placer l'enfant dans une prison, où il se trouverait en contact avec des criminels. La correction, établie pour l'amendement de l'enfant, deviendrait en effet pour lui, par la société d'hommes pervers, une cause de corruption en même temps qu'une flétrissure.

Quand l'enfant a commencé sa seizième année, les fautes qu'il peut commettre sont d'une nature plus grave. Mais, d'un autre côté, il devient plus périlleux de placer l'autorité entre les mains du père avec autant de force. Alors, en effet, on a deux hommes en présence, et les passions peuvent élever entre eux des motifs sérieux d'irritation. Il serait donc dangereux de donner au père un moyen de se venger facilement encore plus que de corriger l'enfant. Aussi ne peut-il plus agir alors par voie d'autorité, mais simplement par voie de réquisition ; et, d'un autre côté, comme les torts peuvent être plus graves, la durée de la détention pourra être de six mois.

Le père s'adressera par requête au président du tribunal, qui, après en avoir conféré avec le procureur impérial, délivrera l'ordre d'arrestation ou le refusera, et pourra, dans le premier cas, abréger la durée de la détention requise par le père. (Article 377 C. Nap.)

Il y a deux autres cas dans lesquels le père ne pourra agir que par voie de réquisition, bien que l'enfant n'ait pas encore seize ans commencés ; mais alors, évidemment, le maximum de la durée de la détention sera encore le même que si le père agissait par voie d'autorité, c'est-à-dire un mois : en effet, la présomption qui a fait établir la différence, et qui est relative à la gravité moindre des délits commis par le mineur de seize ans, subsiste toujours.

Ces deux cas sont : celui où le père, ayant perdu sa femme, s'est remarié, et celui où l'enfant a des biens personnels ou un état. Quand le père s'est remarié, on peut craindre l'influence funeste de sa nouvelle femme, qui peut l'indisposer contre ses enfants. Cette influence se perpétue même après la dissolution du second mariage, surtout s'il en reste des enfants, et on décide en conséquence que le mari, en perdant sa seconde femme, ne recouvre pas le droit d'agir par voie d'autorité contre ses enfants du premier lit, mineurs de seize ans.

Dans le cas où l'enfant a des biens personnels ou un état, il pourrait arriver qu'un père dissipateur, pour se procurer des ressources aux frais de son enfant, le menaçât de la détention s'il ne voulait pas se laisser dépouiller, ou se vengeât d'un refus par un usage arbitraire de son autorité, ou bien enfin qu'il fît enfermer son enfant afin de pouvoir à son aise faire des détournements à son préjudice.

Le législateur a même organisé en faveur de l'enfant qui a des biens personnels ou qui exerce un état, un moyen de recours contre la détention même prononcée. L'enfant détenu, dit en effet l'article 382 du Code Napoléon, pourra adresser un mémoire au procureur général près la Cour impériale. Celui-ci, après s'être fait rendre compte des faits par le procureur impérial près le tribunal de première instance, fera son rapport au premier président de la Cour, qui, après en avoir donné avis au père et avoir recueilli tous les renseignements, pourra révoquer ou modifier l'ordre délivré par le président du tribunal de première instance.

Il y a, dans ce cas, double garantie pour l'enfant : car il y a examen par le président du tribunal de première instance, puisque le père ne peut agir que par voie de réquisition ; examen par le premier président de la Cour, si l'enfant croit devoir réclamer contre l'ordre délivré par le président du tribunal de première instance.

On s'est demandé s'il fallait appliquer cette sorte de recours à tous les cas d'emprisonnement par voie de réquisition, ou, au contraire, la restreindre au cas pour lequel la loi l'a spécialement établi. Cette dernière solution, qui résulte évidemment du texte de la loi, est aussi conforme à son esprit. Le législateur a eu pour but de garantir la propriété de l'enfant mineur, surtout quand elle est le fruit de son industrie. L'article **387** du Code Napoléon nous fournit un nouvel exemple de cette protection accordée par la loi aux biens que l'enfant a acquis par ce moyen. Mais, pour les autres cas, le même motif de garantie n'existe plus. Ainsi l'enfant ne pourra pas attaquer au moyen de ce recours l'emprisonnement par voie de réquisition prononcé par le juge, soit dans le cas où le père serait remarié, soit dans le cas où l'enfant lui-même aurait plus de seize ans.

La détention, dans tous les cas, qu'elle ait lieu par voie d'autorité ou par voie de réquisition, peut toujours cesser par la volonté du père qui consent à reprendre son enfant. Mais si, après sa sortie, l'enfant retombe dans de nouveaux écarts, la détention peut être de nouveau ordonnée, en observant les formalités fixées par la loi.

Certaines autres prescriptions sont également communes aux deux modes de détention de l'enfant. Par exemple, il n'y aura, dans aucun cas, d'écritures ou de formalités judiciaires, si ce n'est l'ordre même d'arrestation, dans lequel les motifs ne seront pas énoncés. On n'a pas voulu que l'enfant fût ainsi flétri d'avance par des pièces qui perpétueraient un souvenir pénible pour lui et qui pourraient avoir la plus fâcheuse influence sur son avenir. Le droit de corriger son enfant ne donne pas d'ailleurs au père celui de le décrier publiquement, et le juge ne devrait pas accepter une requête motivée dans ce but, pour en faire la base d'un ordre d'arrestation.

Dans tous les cas, le père sera tenu de souscrire une soumission de payer tous les frais d'arrestation et d'emprisonnement, comme de fournir des aliments convenables. S'il manquait ensuite à ses engagements, l'élargissement de l'enfant devrait avoir lieu.

Ainsi s'exerce le droit de correction quand il est aux mains du

père, et la séparation de corps.n'a aucune influence sur ce droit ;
mais, au contraire, un second mariage le diminue, comme nous
l'avons vu. C'est là une double différence avec le droit de garde ,
qui n'est pas modifié par un second mariage, mais qui l'est, au
contraire, par la séparation de corps.

Le droit de garde et le droit de correction étant les principaux
attributs de la puissance paternelle, nous les avons examinés spécialement quand ils sont exercés par le père. Nous devons donc
rechercher comment la mère elle-même les exerce dans les différents cas où le père est dans l'impossibilité ou dans l'incapacité
de le faire. Si le père et la mère étaient tous les deux morts ou
incapables, la puissance paternelle passerait aux mains du tuteur,
mais avec certaines modifications que nous aurons à établir
également.

CHAPITRE IV.

DES DROITS DE GARDE ET DE CORRECTION EXERCÉS PAR LA MÈRE ET LE TUTEUR.

Le cas le plus ordinaire où la mère sera chargée des droits de garde et de correction est celui du prédécès du père. Le droit de garde sera pour elle absolument ce qu'il était pour le père ; mais, à raison de la faiblesse naturelle à son sexe, on a dû limiter entre ses mains l'exercice du droit de correction. Ainsi la mère survivante et non remariée ne peut faire détenir son enfant qu'avec le concours des deux plus proches parents paternels de ce dernier, et seulement par voie de réquisition. (Art. 381 C. N.) Le maximum de cette détention sera d'un mois si l'enfant a moins de quinze ans accomplis ; de six mois, s'il a dépassé cet âge.

Quant à la femme remariée, elle n'a plus le droit de correction, du moins en tant que mère, sur ses enfants. Elle ne pourrait, en effet, agir alors que sous l'influence et avec l'autorisation

de son second mari, qui est étranger aux enfants, et qui par conséquent ne doit pas être l'arbitre de leur sort.

A qui appartiendra donc alors le droit de correction sur
eux ?

Ce sera au tuteur, dans les limites de ses pouvoirs ; en sorte
que, si la mère est elle-même tutrice, elle aura ce droit, mais
uniquement en vertu de son autorité de tutrice.

Si la femme, sans se remarier, a une mauvaise conduite notoire, pourra-t-on la priver de son droit de correction ?

Il nous semble que tant qu'elle ne se trouve pas dans l'un
des cas d'incapacité prévus par la loi, on ne peut lui enlever ce
pouvoir, et cette solution s'accorde avec celle que nous avons
donnée plus haut pour le père. Quant au droit de garde et d'é-
ducation, elle le conserve toujours, remariée ou non, et l'exerce
dans toute son étendue.

Dans certains cas, le père, quoiqu'il ne soit pas mort, peut
être dans l'impossibilité d'exercer la puissance paternelle. Nous
avons déjà vu que dans le cas de séparation de corps les enfants
pouvaient être remis à la mère ; mais les droits du père ne sont
pas alors modifiés, il n'y a de changé que le lieu où les enfants
sont tenus de résider. Nous n'avons donc à nous occuper que
des cas où le père n'exerce vraiment pas la puissance paternelle,
et d'abord de celui où il a disparu. Alors, aux termes de l'article 141 du Code Napoléon, la mère aura la surveillance des enfants, et elle exercera tous les droits du mari quant à leur éducation et à l'administration de leurs biens.

Il n'est pas nécessaire pour cela que l'absence du mari ait été
déclarée ; il suffit qu'il ait disparu et qu'on n'ait plus de ses nouvelles. Mais alors on ne devra pas, en s'attachant strictement

aux termes de l'article 144, décider que la mère aura, comme le père, le droit d'agir par voie d'autorité, qu'elle exercera, en un mot, tous ses droits avec le même pouvoir que lui. Cette solution est conforme à l'esprit de la loi, qui n'a restreint le pouvoir de la mère qu'à raison de sa faiblesse naturelle, faiblesse qui existe non moins en cas d'absence qu'en cas de mort du mari. La mère agira, comme si elle était veuve, par voie de réquisition et avec le consentement des deux plus proches parents paternels de l'enfant.

Si la mère était décédée au moment de la disparition du père, ou si elle venait à décéder avant que son absence fût déclarée, la surveillance des enfants serait déférée par le conseil de famille aux ascendants les plus proches, et, à leur défaut, à un tuteur provisoire. Il devrait encore en être de même si l'époux qui a disparu laissait des enfants issus d'un mariage précédent. L'autre époux serait en effet un étranger vis-à-vis de ces enfants, et n'aurait aucun droit à exercer sur eux la puissance paternelle. (Art. 142, 143 C. N.)

Que devra-t-on faire quand l'absence sera déclarée? car les termes des articles 142 et 143 n'établissent qu'un état provisoire. On devra procéder alors comme si l'absent était mort, et nommer un tuteur aux enfants. Mais si la mère existe encore, ce sera elle, et non le tuteur, qui exercera la puissance paternelle.

Les autres cas où la mère doit être chargée de la puissance paternelle sont ceux où le père en est devenu incapable soit par suite d'interdiction judiciaire ou légale, soit par suite de condamnation pour les délits prévus par l'art. 335 du Code pénal.

Alors la mère exerce cette puissance, mais dans les limites déterminées exprès pour elle, c'est-à-dire par voie de réquisition et avec le concours des deux plus proches parents paternels.

Mais il peut arriver que la mère se trouve en concours avec le tuteur, quand elle n'est pas tutrice elle-même. A qui appartiendra alors la puissance paternelle ? Pour le droit de garde, aucune difficulté ne peut se présenter : la mère survivante, remariée ou non remariée, exerce le droit de garde; d'où il résulte que, bien que le mineur ait son domicile chez son tuteur, il doit résider chez sa mère, si elle le juge convenable. Quant au droit de correction, elle doit le conserver également, à l'exclusion du tuteur, si elle n'est pas remariée, car c'est à elle, et non au tuteur, qu'appartient l'autorité paternelle. (Art. 372 C. N.) Mais si elle est remariée, comme l'article 381 du Code Napoléon lui enlève implicitement tout droit de correction, il faut bien alors que ce droit soit exercé par le tuteur, conformément à l'article 468 du Code Napoléon.

Ainsi, les cas d'application de cet article 468 sont celui du décès des deux parents à la fois et celui de leur incapacité. Cet article porte que le tuteur qui aura des sujets de mécontentements graves sur la conduite du mineur pourra porter ses plaintes au conseil de famille, et, s'il y est autorisé par ce conseil, provoquer la reclusion du mineur, conformément à ce qui a été statué à ce sujet au titre de la puissance paternelle.

Il résulte de là que le tuteur ne peut agir qu'avec l'autorisation du conseil de famille ; mais, quand il est autorisé, agira-t-il comme le père lui-même, c'est-à-dire, selon les cas, par voie d'autorité ou par voie de réquisition, ou, au contraire, toujours par voie de réquisition ? Il est plus juste de penser qu'il agira toujours par voie de réquisition. D'ailleurs la question n'offre pas un très-grand intérêt, parce que l'enfant aura presque toujours des biens personnels.

Le maximum de la détention sera, comme nous l'avons dit plus haut, d'un mois ou de six mois, selon l'âge du pupille.

Quand le père ou la mère est en même temps tuteur légal, comme il jouit de la puissance paternelle à raison de son titre de père ou de mère, il agira en vertu de ce titre, mais non en vertu du droit délégué au tuteur. Si cependant la mère remariée est tutrice, elle ne pourra exercer le droit de correction que comme tutrice.

CHAPITRE V.

DU DROIT DES PARENTS RELATIVEMENT AU MARIAGE ET A L'ÉMANCIPATION DE LEURS ENFANTS.

Le mariage est un des actes les plus graves de la vie ; aussi n'est-il pas étonnant que la loi ait exigé de l'époux dont les parents vivent et sont en état de manifester leur volonté, qu'il apportât leur consentement au mariage, non-seulement quand il veut se marier en minorité, âge auquel l'enfant est incapable de tous les actes ordinaires de la vie civile, mais encore, dans certaines limites, après qu'il a atteint sa majorité.

Le droit des parents, quant au mariage de leurs enfants, est réglé dans les articles 148 et suivants du Code Napoléon.

Le fils jusqu'à vingt-cinq ans accomplis, la fille jusqu'à vingt et un ans également accomplis, ont absolument besoin, pour contracter mariage, du consentement de leurs père et mère. L'article ajoute : en cas de dissentiment, le consentement du père suffit. Cependant il ne faut pas conclure de là que l'enfant

5

aurait le droit de ne s'adresser qu'à son père, sans demander également le consentement de sa mère. Celle-ci, en effet, doit être consultée, parce que, si elle n'a pas l'exercice de la puissance paternelle, elle y participe néanmoins, et parce qu'elle peut donner au père des conseils qui le fassent changer d'avis.

La mère dont le consentement n'aurait pas été demandé aurait donc le droit de faire opposition au mariage, et l'officier de l'état civil ne devrait pas le célébrer; car, pour que le consentement du père suffise, il faut qu'il y ait dissentiment, ce qui indique que tous les deux ont été consultés.

Si l'un des époux est mort ou incapable de manifester sa volonté, c'est-à-dire s'il a disparu, que l'absence ait été ou non déclarée, s'il est interdit judiciairement ou légalement, ou même est fou sans être interdit, le consentement de l'autre suffit. Mais, à part ces incapacités et impossibilités, on ne doit pas en cette matière établir de distinction entre les différentes situations dans lesquelles peut se trouver l'un des époux. Ainsi, alors même qu'il serait marié en secondes noces, ou séparé de corps, ou même interdit de la puissance paternelle, aux termes de l'article 335 du Code pénal, on devrait demander son consentement, et il serait même nécessaire de l'obtenir, s'il s'agissait du père.

Il résulte de ces principes que, quand le père est mort ou incapable de consentir, le consentement de la mère est seul exigé; mais aussi il ne peut être suppléé par rien. Cependant il peut se présenter un cas assez embarrassant; car si l'on suppose que le père ait consenti au mariage, tandis que la mère a refusé son consentement, et qu'ensuite, avant la célébration du mariage, le père meure ou devienne incapable, on se demandera si le consentement du père suffit alors, ou s'il faudra demander de nouveau le consentement de la mère. On doit décider sans hésiter que cette demande nouvelle du consentement de la mère est nécessaire, parce que le consentement du père ne constitue un droit acquis pour l'enfant qu'au moment même de la célébration du mariage, puisque le père est libre, jusqu'à ce moment, de retirer son consentement. Comme on n'est pas encore certain que le père persistera dans sa résolution, s'il meurt avant la célébration du mariage, la mère succède à la puissance paternelle sur ce point, et c'est désormais son consentement qu'il faut obtenir.

Tant que les deux époux ou l'un d'eux vivent et ne sont pas dans l'incapacité de donner leur consentement, ils ne partagent ce droit avec aucune autre personne, ni avec le tuteur, ni avec les ascendants de l'enfant.

Si tous les deux sont morts ou incapables de manifester leur volonté, c'est aux ascendants, et non pas au tuteur, que passe le droit, car l'intérêt de la famille est en jeu, et c'est par ce motif qu'on doit consulter les ascendants plutôt que le tuteur, qui est chargé plus spécialement de l'administration des biens de l'enfant. D'ailleurs, de vingt et un à vingt-cinq ans, les enfants mâles sont majeurs, et ne pourraient par conséquent pas avoir recours au consentement d'un tuteur qu'ils n'ont pas.

Si l'enfant n'a ni père ni mère, on doit alors demander le consentement de tous les ascendants du degré le plus proche dans chacune des deux lignes paternelle et maternelle, s'ils sont habiles à donner ce consentement.

Si, dans la même ligne, l'aïeul et l'aïeule sont en désaccord, le consentement de l'aïeul suffit. Mais s'il y a dissentiment entre les deux lignes, le dissentiment emporte consentement, sans qu'il y ait à établir de prépondérance de la ligne paternelle sur la ligne maternelle, ou réciproquement. Ainsi, si on suppose deux aïeuls et deux aïeules, il suffit que l'un des aïeuls donne son consentement pour que le mariage puisse avoir lieu. Si dans l'une des deux lignes il n'y avait qu'une aïeule, son consentement suffirait également pour autoriser le mariage, parce que la prépondérance du sexe ne peut exister qu'entre les aïeuls époux qui font partie de la même ligne.

Les mêmes règles s'appliqueraient aux branches de chaque ligne, si, à défaut d'aïeuls, on devait avoir recours aux bisaïeuls.

Enfin il peut arriver que l'enfant qui veut se marier n'ait ni père ni mère, ni ascendants dans aucune ligne. Dans ce cas, il faudra recourir au consentement, non pas du tuteur, mais du conseil de famille votant à la majorité des voix. Seulement il faut remarquer que, dans ce cas, la majorité, pour le mariage, est fixé à vingt et un ans aussi bien pour les fils que pour les filles : cela vient de ce que le conseil de famille n'est d'ordinaire constitué que pendant la minorité ; d'ailleurs on doit considérer l'enfant majeur comme aussi capable de pourvoir à ses intérêts qu'un conseil de parents, quelquefois assez éloignés. Les consentements ainsi exigés par la loi, le sont à peine de nullité du mariage dans les circonstances que nous avons énumérées, et leur absence constitue un empêchement dirimant au mariage.

Quand l'enfant n'a ni père ni mère, ni ascendants, et qu'il est âgé de plus de vingt et un ans, il est libre de se marier sans le consentement ni l'avis de personne. Mais, s'il a son père ou sa mère, ou un ascendant, alors même qu'il a dépassé l'âge auquel leur consentement est exigé, il ne peut pas négliger entièrement leur volonté. Le respect qu'il leur doit à tout âge lui fait un

devoir de leur demander encore leur avis au moyen d'actes respectueux que signifient les notaires, et à la suite desquels est
constatée la réponse faite par celui auquel on demande son consentement.

Depuis l'âge de vingt-cinq jusqu'à l'âge de trente ans pour les
hommes, et depuis l'âge de vingt et un jusqu'à l'âge de vingt-
cinq ans pour les filles, il doit être signifié trois actes respectueux
de mois en mois, et le mariage ne peut être célébré qu'un mois
après le dernier acte. Quand l'enfant a atteint cet âge, un seul
acte respectueux suffit ; mais il est nécessaire même pour un
second mariage.

Le défaut d'actes respectueux constitue seulement un empêchement prohibitif, et expose à une amende l'officier de l'état
civil qui a célébré le mariage sans se les faire représenter.

Une dernière faveur accordée aux ascendants leur permet de
faire opposition au mariage de leurs descendants sans énoncer
aucuns motifs de cette opposition. (Art. 176 C. N.) Le législateur
a voulu par là leur permettre de former opposition sans aucun
moyen légal de réussite, mais uniquement pour gagner du
temps, et amener par ce moyen l'enfant à faire des réflexions, si
cela était possible.

Le mariage n'est pas le seul acte qui puisse modifier grave-
ment la position de l'enfant mineur ; car l'émancipation lui donne
aussi une capacité toute nouvelle, et lui permet certains actes
qui lui étaient d'abord interdits.

De plus, elle fait cesser le droit de garde et le droit de correction. Le droit d'émanciper l'enfant intéresse donc au plus haut
degré la puissance paternelle.

Nous ne parlerons pas de l'émancipation tacite, qui a lieu de plein droit par le mariage, mais seulement de l'émancipation expresse.

Le mineur non marié peut être émancipé par son père dès l'âge de quinze ans. Il peut l'être au même âge par la mère, à défaut du père, c'est-à-dire quand le père est mort, absent ou interdit, ou déchu de la puissance paternelle, car c'est là un droit qui se rattache plus directement à cette puissance, organisée par le Code, que le mariage lui-même..

Le père déchu de la puissance paternelle n'a plus le droit de garde et de correction. Or l'émancipation n'est autre chose que la remise de ces droits. Le père ne peut renoncer à des droits qu'il n'a pas, et s'il émancipait l'enfant, il exercerait véritablement ces droits au détriment de la mère. Cependant des auteurs ont soutenu le contraire, en s'appuyant sur ce que l'émancipation est favorable à l'enfant, et que l'article **335** du Code pénal ne prive le père que des droits établis au titre de la puissance paternelle. Ces deux arguments sont détruits par cette considération que si le droit d'émancipation n'est pas au titre de la puissance paternelle, il est un résultat des principes qui y sont posés.

D'un autre côté, une émancipation intempestive peut être plus funeste qu'utile au mineur, et ce n'est pas à un père flétri par la loi qu'il appartient d'en décider l'opportunité.

Mais faut-il, avec certaines décisions judiciaires, interdire également le droit d'émancipation au père séparé de corps, quand l'enfant a été remis à la mère ou à un tiers ? Nous ne le pensons pas, car l'article **303** du Code Napoléon lui réserve ses droits de puissance paternelle, et par suite le droit d'émancipation.

Le consentement du père ou de la mère est seul nécessaire pour l'émancipation, et la loi n'exige même pas l'assentiment de l'enfant. En effet, l'émancipation s'opère par la seule déclaration du père ou de la mère, reçue par le juge de paix assisté de son greffier.

Ajoutons que l'émancipation ne peut être imposée au père ou à la mère, comme elle l'était quelquefois en droit romain. Le droit d'émanciper l'enfant ne passe au tuteur et au conseil de famille que si le père et la mère sont tous les deux morts ou incapables de manifester leur volonté; mais ils ne peuvent l'exercer que quand le pupille a accompli sa dix-huitième année.

L'émancipation peut être retirée à un mineur, dans la même forme qu'elle lui a été donnée, quand il a contracté des engagements excessifs qui ont été réduits en justice.

CHAPITRE VI.

DE LA PUISSANCE PATERNELLE EN CE QUI CONCERNE LES ENFANTS NATURELS.

Le lien qui unit l'enfant naturel à ses parents crée, comme celui de la filiation légitime, des droits et des obligations. Le père et la mère contractent envers l'enfant, au moment de sa naissance, l'obligation de l'élever, et ils acquièrent sur lui la puissance paternelle dans certaines limites. Mais ces rapports ne se manifestent pas, comme pour l'enfant légitime, par le seul fait de la naissance, car il faut qu'une reconnaissance valable et légale vienne constater la filiation ; d'où il résulte que quand un des parents a seul reconnu l'enfant, c'est à lui seul aussi qu'appartient la puissance paternelle. Mais quand les deux parents ont reconnu l'enfant, nous aurons à voir comment doit se régler entre eux la puissance paternelle.

Bien que la loi ne le dise pas expressément, l'enfant naturel

doit à tout âge honneur et respect à ses parents. C'est là un devoir naturel et moral, qui existe aussi bien pour lui que pour les
enfants légitimes. Mais ce qui a dû surtout préoccuper le législateur, ç'a été l'organisation aux mains des parents naturels du
droit de garde et d'éducation, et du droit de correction. La loi,
cependant, n'a pas parlé du premier ; mais faut-il en conclure
qu'il n'existe pas ?

Il est évident que le droit de correction n'étant que la conséquence et comme la sanction du droit de garde, celui-ci doit
exister pour les parents naturels. Il en résultera que l'enfant naturel ne pourra quitter la maison de celui de ses parents auquel
appartiendra l'exercice de la puissance paternelle, ni contracter
d'engagement volontaire avant vingt ans accomplis sans son autorisation.

Quant au droit de correction, comment est-il réglementé ?

La loi nous dit, dans l'article 383 du Code Napoléon, que les
dispositions des articles 376, 377, 378 et 379 du même Code
seront communs aux pères et mères des enfants naturels légalement reconnus. Or, ces articles sont relatifs au droit de correction exercé par le père dans le cas de légitime mariage ; ils lui
donnent le droit de faire prononcer la détention par voie d'autorité de l'enfant qui n'a pas commencé sa seizième année, et ne
lui accordent plus le droit de le faire détenir que par voie de réquisition à partir de cet âge jusqu'à sa majorité ou à son émancipation.

Ces dispositions, rapprochées du texte laconique qui les rap-
pelle, donne lieu tout d'abord aux trois questions importantes
qui suivent :

1° Dans le cas de reconnaissance de la part des deux parents, l'exercice de la puissance paternelle appartient-il , comme dans le cas où les enfants sont légitimes , au père seulement , ou aux deux parents à la fois , ou enfin à celui que la justice croit devoir désigner ? Cette question embrasse aussi bien le droit de garde que le droit de correction.

2o La mère naturelle a-t-elle le droit de correction avec la même étendue que le père légitime ? c'est-à-dire pourra-t-elle user de la voie d'autorité ou de la voie de réquisition dans les mêmes circonstances que lui ?

3o Enfin le droit du père ou de la mère naturels est-il altéré soit par le fait d'un mariage contracté par eux avec une personne étrangère à l'enfant, soit par cette circonstance que l'enfant aurait des biens personnels ou exercerait un état?

Ces questions sont nées de ce que la loi ne renvoie point aux articles où l'on trouve les distinctions entre le père et la mère , et les restrictions du pouvoir de l'un ou de l'autre. Mais elle n'a pas renvoyé non plus à la disposition qui établit le droit de garde, et cependant nous avons décidé que ce droit de garde appartenait aux père et mère naturels. Il est vrai que nous avions pour cela une raison toute spéciale: c'est que le droit de garde, qui comprend le droit d'éducation , est la base de la puissance paternelle, dont le droit de correction n'est qu'une conséquence.

Mais les dispositions dont nous parlons ont-elles la même force?

Il est évident qu'on ne peut appliquer ce principe que le père seul exerce la puissance paternelle pendant le mariage , puisqu'il n'y a pas de mariage. Mais doit-on néanmoins , dans le cas où les deux parents ont également reconnu , attribuer au père seul cette autorité? L'article 383 déclare communs au père et à la mère naturels des articles où le droit du père légitime est seul déterminé. De là on peut conclure que la loi n'a entendu attribuer le droit exclusivement ni à l'un ni à l'autre.

Pourquoi l'autorité paternelle appartient-elle au père seul pendant un mariage légitime ?

C'est parce que l'autorité maritale ne permet pas à la femme d'agir sans son mari , et que c'est à celui-ci qu'appartient la direction des affaires de la famille. Mais , quand il n'y a pas de mariage, le père et la mère sont sur le même rang. Cependant, comme il est impossible alors que l'enfant soit à la fois soumis à la garde de tous les deux , s'ils vivent séparément, et qu'il serait quelquefois dangereux d'accorder à deux influences diverses le droit de correction , on accorde aux tribunaux un pouvoir discrétionnaire sur le point de savoir auquel des deux parents l'enfant devra être confié , à raison de son âge , de son sexe ou de la moralité des deux parents.

La seconde question que nous avons posée pourra se présenter , soit que la mère ait seule reconnu , soit qu'elle survive du père , soit que, la question précédente résolue affirmativement , elle ait reçu du vivant même du père la puissance paternelle. La mère qui , dans tous ces cas , en est investie , l'exerce-t-elle comme le ferait le père légitime, ou, au contraire, comme la mère légitime non remariée ? La loi, nous l'avons dit, ne renvoie qu'aux dispositions qui réglementent le pouvoir du père , et lui donnent le droit de détention par voie d'autorité jusqu'à ce que l'enfant ait seize ans commencés, et par voie de réquisition après cet âge. Il faut donc donner les mêmes moyens à la mère naturelle , à laquelle ils sont déclarés communs. Peut-être la loi a-t-elle voulu donner plus de force à cette autorité, que l'enfant serait plus porté à braver parce qu'elle serait moins régulière et moins bien consacrée par son origine ; peut-être aussi n'est-ce là qu'une des marques de cette défaveur dont elle frappe les enfants naturels. D'ailleurs comment pourrait-on imposer à la mère, agissant par voie de réquisition, l'assistance de deux parents parternels, comme cela se fait pour la mère légitime ? La famille du père n'est pas la famille de l'enfant ; il n'y a entre elle et lui aucun lien civil, et la loi n'a jamais considéré que défavorablement les rapports de l'enfant naturel avec les parents de son père.

Passons maintenant à la troisième question ; et d'abord, dans le cas du mariage de l'un des parents avec un tiers , son droit est-il modifié par cette union ? Le père cesse-t-il de pouvoir agir par voie d'autorité, et la mère de pouvoir agir de quelque manière que ce soit ?

Sans doute on peut redouter ici l'influence de l'époux qui sera peut-être défavorable à l'enfant, mais les termes de la loi ne peuvent s'appliquer. Elle parle, en effet, du second mariage ; or ici il n'y en a pas eu un premier , donc celui dont il s'agit ne peut pas en être un second. On ne pourrait donc appliquer les principes des articles 380 et 381 du Code Napoléon que par analogie , mais l'esprit de notre Code s'y prête assez peu. Toutes les prétendues omissions que plusieurs veulent y voir pour les suppléer ne peuvent être involontaires , et c'est sans doute après réflexion que le législateur a mis aux mains des parents naturels un pouvoir uniforme, et qui n'éprouve de variations que celles que lui fait subir l'âge de l'enfant.

Nous sommes donc aussi amenés à décider que l'enfant, même quand il a des biens personnels ou un état, pourra être emprisonné par voie d'autorité jusqu'à l'âge de quinze ans accomplis, et qu'il n'aura pas le droit de se pourvoir, comme l'enfant légitime. Cependant il y a bien ici les mêmes raisons de décider que pour l'enfant légitime, et la loi peut paraître dure et inconséquente ; mais elle existe, et nous ne pouvons prétendre être plus sages qu'elle.

En discutant les questions que faisait naître l'article 383, nous avons épuisé la matière du droit de garde et du droit de correction des enfants naturels. Nous n'avons donc plus qu'à dire quelques mots de leurs droits quant au mariage et à l'émancipation de leurs enfants.

L'enfant naturel qui veut se marier doit demander soit le consentement, soit le conseil de ses père et mère, dans les mêmes circonstances que l'enfant légitime et avec les mêmes distinctions. (Art. 148 et 149 C. N.) Mais, si le père et la mère naturels sont morts tous les deux, les enfants ne devront pas s'adresser aux ascendants de leurs parents, parce qu'ils ne sont pas leurs ascendants légaux, puisque la loi ne reconnaît entre eux aucun lien civil de parenté.

Aussi doivent-ils, jusqu'à l'âge de 21 ans, demander le consentement d'un tuteur *ad hoc* que leur nomme le conseil de famille ; mais, après l'âge de 21 ans, ils peuvent se marier sans le consentement de personne. (Art. 159 C. N.)

Quant à l'émancipation, les parents naturels ont les mêmes droits que les parents légitimes, car la loi ne distingue pas, et il y a même raison de décider. Les parents, qui ont les droits de garde et de correction, doivent aussi avoir le droit d'émancipation, c'est-à-dire qu'ils peuvent se démettre de l'autorité paternelle quand ils jugent l'enfant, qui a 15 ans, capable de se conduire lui-même.

Ce droit appartiendra au père et, à son défaut, à la mère naturels, d'après la disposition expresse de la loi.

QUESTIONS.

DROIT ROMAIN.

I. Le mariage se,contracte-t-il à Rome par le seul consentement ? — Oui.

II. Explication de la loi 1, § 2, D. *de rei vindicatione.*

III. La loi Pompeia *de parricidiis* et la loi Cornelia *de sicariis* punissaient-elles le meurtre d'un enfant par son père ? — Non.

IV. L'enfant pouvait-il, à Rome, être émancipé malgré lui ? — Non.

DROIT FRANÇAIS.

DROIT CIVIL.

I. Y a-t-il des cas où la mère légitime puisse agir par voie d'autorité pour faire détenir son enfant? — Non.

II. Quand le père a consenti au mariage de son enfant et qu'il vient à mourir avant la célébration, le refus de consentement opposé par la mère empêchera-t-il ce mariage ? — Oui.

III. L'enfant détenu par voie de réquisition, mais qui n'a ni biens personnels ni profession, peut-il adresser un mémoire au procureur général pour se faire mettre en liberté ? — Non.

IV. Le père peut-il émanciper son enfant, alors qu'une séparation de corps a été prononcée contre lui, et que l'enfant a été remis à la mère ? — Oui.

V. La mère naturelle peut-elle faire détenir son enfant âgé de moins de seize ans par voie d'autorité ? — Oui.

PROCÉDURE.

I. La voie de l'opposition est-elle interdite à toutes parties absolument contre le jugement qui vide un jugement de défaut joint? — Oui.

II. La compétence des tribunaux de commerce est-elle d'ordre public? — Oui.

DROIT PÉNAL.

I. Quand l'action publique, à raison d'un crime ou d'un délit, a été exercée, l'action civile cesse-t-elle d'être soumise à la prescription de cinq ou dix ans? — Non.

II. Les père et mère peuvent-ils être poursuivis comme complices des délits prévus et punis par la loi du 22 mars 1844? — Oui.

DROIT COMMERCIAL.

I. Une société commerciale forme-t-elle une personne morale? — Oui.

II. A défaut de l'autorisation du mari, la femme mariée peut-elle se faire autoriser par la justice, quand-elle veut faire le commerce? — Non.

DROIT ADMINISTRATIF.

I. Un décret législatif peut-il être abrogé aujourd'hui par un acte du pouvoir exécutif? — Non.

II. Un maire destitué jouira-t-il de la garantie des fonctionnaires pour les actes d'administration? — Oui.

Poitiers. — Imp. de A. Dupré.

www.ingramcontent.com/pod-product-compliance
Lightning Source LLC
Chambersburg PA
CBHW070907280326
41934CB00008B/1618

* 9 7 8 2 0 1 9 5 7 5 7 9 3 *